Über die Autorin:

Jutta Hoffritz ist studierte Volkswirtin, gelernte Journalistin und arbeitet seit fast zehn Jahren für die *Zeit*. Sie hat einen Mann mit zwei Töchtern geheiratet und einen Sohn geboren. Nachdem die großen Mädchen gut erzogen in ihr Leben traten, machte sie nach der Geburt des Sohnes erstmals Bekanntschaft mit PEKiP, STEP und anderen zeit- und nervenraubenden Pädagogiktrends. Sie ist bekennende Rabenmutter und schreibt dieses Buch, um anderen Frauen Mut zu machen, sich für Kinder zu entscheiden und für den Beruf – und gegen das Baby-Yoga.

Jutta Hoffritz

Aufstand der
RABENMÜTTER

Warum Kinder auch ohne Baby-Yoga
und Early-English glücklich werden

Knaur Taschenbuch Verlag

Besuchen Sie uns im Internet:
www.knaur.de

Originalausgabe September 2008
Copyright © 2008 by Knaur Taschenbuch
Ein Unternehmen der Droemerschen Verlagsanstalt
Th. Knaur Nachf. GmbH & Co. KG, München.
Alle Rechte vorbehalten. Das Werk darf – auch teilweise –
nur mit Genehmigung des Verlags wiedergegeben werden.
Redaktion: Sabine Thiele
Umschlaggestaltung: ZERO Werbeagentur, München
Satz: Adobe InDesign im Verlag
Druck und Bindung: Nørhaven Paperback A/S
Printed in Denmark
ISBN 978-3-426-78092-3

2 4 5 3 1

Dem Rest der lieben Raben:
Bernd, Carlchen sowie – in diesem Fall besonders –
Maike und Lena

Inhalt

KAPITEL 1

Die Anspruchsfalle

WARUM DAS VOLLZEITMUTTERIDEAL IN DIE EIN-KIND-FAMILIE FÜHRT

Rabenmutter ist ein deutsches Wort

Als Japans Kronprinz Anfang der Neunzigerjahre eine selbstbewusste Karrierediplomatin heiratete, wurde das als Beginn eines neuen Zeitalters gefeiert. Vor allem die jungen Japaner jubelten. Sie hofften, das Paar werde zur Modernisierung eines Landes beitragen, in dem sich Männer im Büro zu Tode arbeiten, wohingegen Frauen sich spätestens nach dem ersten Kind aus dem Beruf zurückziehen müssen.

Doch noch bevor die Thronfolger mit Traditionen brechen konnten, forderte die Tradition ihren Tribut. Prinzessin Masako – als Diplomatin auf dem internationalen Parkett erfahren – lernte bald, sich bei gemeinsamen Auftritten ein paar Schritte hinter dem Gatten zu halten. Harvard-Diplom hin oder her: Hauptaufgabe einer Prinzessin bleibt es, dem Kaiserhaus Kinder zu schenken – auch das musste die Karrierefrau lernen. Die Arme! Erst erlitt sie eine Fehlgeburt, dann wurde sie lange Zeit nicht schwanger, und als sie nach acht Jahren Ehe endlich ein gesundes Kind zur Welt brachte, genügte es den Ansprüchen nicht. Es war – ein Mädchen! Um alle Ablenkungen fernzuhalten, belegte das gestrenge Hofamt die weltgewandte Prinzessin mit einem Auslandsreiseverbot. Denn schließlich musste ein männlicher Erbe her!

Masako trat daraufhin auch im Inland selten auf. Und als sich der Kronprinz wenig später an die Öffentlichkeit wandte, hatte er keine guten Nachrichten: Seine Frau war nicht etwa schwanger, sondern schwer depressiv!

Was lehrt uns diese traurige Geschichte vom anderen Ende der Welt?

Deutschland ist wenig fruchtbar. Wir fragen uns seit Jahren nach dem Grund. In Sachen Fortpflanzung stehen wir von 191 Nationen der Erde auf Rang 181. Es gibt nur wenige Länder, die sich noch schwerer tun mit der Vermehrung. Japan – hochmoderne Industrie und uralte Traditionen – gehört dazu. Auch Italien findet sich am unteren Ende der Geburtenstatistik, ebenso Spanien und Polen, was uns vielleicht noch stärker verwundert. Sind das nicht alles streng katholische Länder? Länder, in denen der Papst den Gläubigen die Verhütung verwehrt? Länder, in denen das Vorbild der Mutter Gottes Frauen die rechte Opferbereitschaft lehrt?

In Wirklichkeit ist es eher umgekehrt. Je höher das Mütterlichkeitsideal, desto niedriger sind die Fruchtbarkeitsraten.

Deutschland ist ein Land mäßig guter Kirchgänger. Mit höfischen und vielen anderen Traditionen haben wir schon lange aufgeräumt. Frauen dürfen wählen, sich bilden, alle Berufe ausüben – sogar Bundeskanzlerin werden.

Aber auch Deutschland sitzt in der Anspruchsfalle.

Frauen können nach den Sternen greifen, solange sie kinderlos sind, doch sobald sie Mütter werden, ist es mit vielen Freiheiten vorbei.

Rabenmutter ist ein deutsches Wort!

Das merken alle, die es wagen, auch mit Kindern zu arbeiten oder gar Politik zu machen. Sie stoßen auf Ablehnung oder zumindest auf hochgezogene Augenbrauen. Kinder und Karriere – das ist in Deutschland ein Politikum!

Hildegard Müller, Staatsministerin im Bundeskanzleramt, pausierte für Töchterchen Sarah nur fünfzehn Monate. Auch Eva Christiansen, Medienberaterin von Angela Merkel, kehrte kurz nach der Geburt ihrer Tochter Sophie Leonor zum Dienst zurück. Wir wissen das so genau, weil die Boulevardzeitung *Bild* mehrfach darüber berichtete – und zwar prominent auf Seite zwei, auf der wir gewöhnlich über Koalitionskrisen, Rentenprobleme und Steuererhöhungen lesen. Ein Politikum eben!

Die Mädchen Sarah und Sophie Leonor, auch das erfuhr die besorgte Leserschaft, werden im Bundestagskindergarten sorgfältig betreut. Vermutlich müssen sich die Mütter künftig trotzdem kritische Fragen gefallen lassen. Ob sie ihr Kind im Büro so gar nicht vermissen? Ob sie nicht vielleicht deren erstes Wort verpassen? Ob sie denn auch genug Zeit haben für die Babymassage und den musikpädagogischen Krabbelkreis?

Nie würde man einem Mann solche Fragen stellen. Das

Kümmern und Kosen ist auch in einem Kanzlerinnenland weiter Frauensache. Und es ist ein 24-Stunden-Job. Wer zwischen neun und sechzehn Uhr im Büro ist, kann keine gute Mutter sein.

Wie sollte Mama sonst auch Zeit finden für den Erwerb der Spezialkompetenzen gehobener deutscher Mütterlichkeit? Das allergenarme Kochen fürs Kleinkind nebst korrektem Möhrenschaben sowie das fachgerechte Tragen des Säuglings im Tragetuch – eine Unzahl von Kursen widmet sich solchen Themen mit typisch teutonischer Gründlichkeit. Unterbeschäftigte Hebammen, arbeitslose Sozialpädagogen, frühpensionierte Fremdsprachenkorrespondentinnen, Heilpraktiker, Krankengymnasten und Sportlehrer – sie alle finden hier einen Markt. Die Mütterbeschäftigungsindustrie ist kreativ. Sie erfindet immer neue Trends: von der Bachblütentherapie für Babys über Säuglings-Yoga bis zu Early-English. Ob der Bildungstourismus in der Babytrage dem Kind wirklich nützt, das bezweifeln die Experten (siehe Kapitel 8). Auf jeden Fall aber ist die junge Familie von Tag eins an beschäftigt. Wer als Mutter zu Hause bleibt, ist in Wirklichkeit viel unterwegs.

Deutschland pflegt das Ideal der Vollzeitmutter – rund um die Uhr im Dienst und neuerdings auch Profi in Sachen Babyschwimmen, Babymassage und Baby-Yoga. Das entwickelt sich zunehmend zum Problem, und nicht nur für die Rentenkassen. Frauen, die gegen dieses Ideal verstoßen – weil sie arbeiten müssen, arbeiten wollen oder schlicht keine Lust haben auf die hyperaktive Müttergruppenherrlichkeit – haben den Apparat gegen sich.

Waldorf oder Montessori, kommunal oder konfessionell, mit musikalischer oder motorischer Frühförderung? Jeder, der Kinder hat, kennt die Debatte im Elternkreis, spätestens, wenn es um die Auswahl des richtigen Kindergartens geht. Auswahl – das klingt, als ob wir die Wahl hätten. Doch in Wirklichkeit fehlt es dramatisch an Betreuungsplätzen. Und gerade, weil dies so ist, gibt es Mütter, die hauptberuflich zu diesem Thema theoretisieren. Sie kennen die gesamte Ratgeberliteratur inklusive Hüpfburgenführer. Sie organisieren Stilltreffs, Krabbelgruppen und Mutter-Kind-Kreise. Sie setzen die Standards in Erziehungsfragen. Und der Standard steigt (wie Kapitel 2 zeigen wird) – während die Geburtenzahl seit Jahren sinkt.

Das hat die Politik auf den Plan gerufen. Seit Jahren zerbrach man sich in Bonn beziehungsweise Berlin den Kopf, wie sich der Trend umkehren ließe. Die diversen Familienminister waren in Deutschland zumeist männliche Alleinverdiener, und wenn Frauen das Amt innehatten, dann kinderlose oder solche jenseits der Familienphase. Sie alle mühten sich redlich, keine Frage. Das Resultat: 1,3 Kinder pro Frau.

Dann kam Ursula von der Leyen, und irgendetwas war anders.

Zunächst einmal vor allem das: Die Frau hatte selbst Kinder. Sieben Stück an der Zahl! Und das Jüngste war bei ihrem Start in die Politik noch nicht einmal schulreif! Und doch stieg die CDU-Frau schnell auf: 2003 wurde sie Familienministerin in Niedersachsen, 2005 schon übernahm sie das gleiche Amt im Berliner Bundeskabinett.

Natürlich stand auch sie unter Rabenmutterverdacht.

Am Anfang gab sie Interviews im trauten Kreis der Familie, um zu demonstrieren, dass es ihren Kindern an nichts mangelt. Sie erzählte in warmen Worten von der Hausmusik (mit ihrem Mann Heiko, einem Mediziner, an der Orgel), den Haustieren (Zwergziegen, ein Pony, Schafe und ein Mischlingshund) und dem Hauspersonal (vormittags eine Putz- und nachmittags eine Kinderfrau). Doch der Rabenmutterverdacht blieb.

Irgendwann hörte sie auf, fremde Leute nach Hause einzuladen. Und ihre Interviews klangen plötzlich ein paar Grad kühler. Sie sagte plötzlich Sätze wie »Die Frage ist nicht, ob Frauen arbeiten werden. Sie werden arbeiten. Die Frage ist, ob sie Kinder haben werden – oder nicht.«

Kurz darauf kam es in Berlin zum Eklat, denn Bundesfamilienministerin von der Leyen wollte die Kleinkindbetreuung ausbauen.

Sie wolle »Fundamente wegreißen«, sagte Stefan Mappus, der Vorsitzende der baden-württembergischen CDU-Fraktion. Sie wolle die Kinder dem Staat übereignen, sagte der sächsische CDU-Kultusminister Steffen Flath. Sie wolle die Frau zur »Gebärmaschine« degradieren, sagte der Augsburger Bischof Walter Mixa. Das Magazin *Der Spiegel* titelte daraufhin »Familienkrach«.

Die Kanzlerin hielt sich erst eine Weile zurück. Dann ließ sie ihre Ministerin wissen, dass sie hinter ihr stehe. Der Grund: Lange Zeit hatte die Union ein Imageproblem bei den Frauen, vor allem bei den jungen. Lange Zeit wussten die meisten Bürger in Deutschland nicht einmal, wer gerade Familienminister war. Ursula von der Leyen dagegen kennt man, sie gehört zu den fünf beliebtesten Politikern der Republik. Und – auch das sagen die Umfragen – erstmals seit Jahren glauben die Bürger, dass Familienpolitik bei der Union besser aufgehoben ist als bei den Sozialdemokraten.

Es gibt in Deutschland nämlich mehr Rabenmütter, als viele ahnen. Während sich insgesamt immer weniger Frauen für Kinder entscheiden, wollen umgekehrt immer mehr von ihnen im Job bleiben. Einundsechzig Prozent aller Mütter in Deutschland sind heute berufstätig!

Eine *silent majority,* im wahrsten Sinne des Wortes. Sie machen nicht so bemerkenswerte Karrieren wie Ursula von der Leyen, meist geht es eher darum, im Job nicht vollkommen den Anschluss zu verlieren. Selten kehren sie so früh wieder in den Beruf zurück wie Hildegard Müller und Eva Christiansen, die beiden anderen Merkel-Vertrauten. Schließlich gibt es auch nicht überall Krippen wie den Bundestagskindergarten: arbeitsplatznah, mit flexiblen Öffnungszeiten und ambitioniertem Pädagogikkonzept.

Man hört nicht viel von Deutschlands Rabenmüttern. Sie sind ja auch vollauf damit beschäftigt, den Alltag mit Kind zu organisieren. Sie treten selten in Talkshows auf. Meist haben sie nicht einmal Zeit, sie anzuschauen. Irgendwer muss schließlich die Gutenachtgeschichte vorlesen. Und niemals würden sie einen Arbeits- oder gar Spielplatztag opfern, um in Berlin für ihre Belange zu demonstrieren.

Natürlich haben Rabenmütter ein schlechtes Gewissen. Es ist ihr ständiger Begleiter. Auch deshalb melden sie sich so selten zu Wort. Heimlich grübeln sie, ob ihr Kind ohne Baby-Yoga wirklich zu einem glücklichen Menschen werden kann und ob es einen Nachteil erleidet, wenn es erst in der Schule Englisch lernt. Aber sie denken auch darüber nach, wieso Fremdbetreuung in Frankreich und anderen Ländern funktioniert und ausgerechnet in deutschen Kinderseelen irreparable Schäden verursachen soll. Und sie wollen wissen, wie es früher bei uns war, als die jungen Frauen zwar nicht ins Büro, aber doch aufs Feld mussten und Omas, Tanten und Nachbarn reihum die Kinder hüteten.

In der gängigen Mutter-Kind-Literatur finden sie auf all diese Fragen keine Antwort. Die Ratgeber (siehe Kapitel drei) leben vom Hang zum »Immer neu, immer mehr und immer besser«. Doch diese Haltung bringt uns nicht weiter. Unser Vollzeitmutterideal führt auf direktem Weg in die Ein-Kind-Familie.

Schuld ist Vater Staat, der Appelle an die Mütterlichkeit lange billiger fand als Kindergarten-, Krippen- und Ganztagsschulplätze. Schuld ist die Mütterbeschäftigungsindustrie mit ihren Nonsensangeboten. Und schuld sind auch die Frauen selbst, weil sie das alles brav mitmachen.

Deutschland ist kein kinderfeindliches Land – es leidet unter Übermütterlichkeit.

Bisher werden die Diskussionen am Sandkastenrand stets von einer bestimmten Sorte Mütter dominiert: den Vollzeitvollwertköchinnen, den »Mein Kind kann gar nicht ohne mich«-Märtyrerinnen und den *Early-English*-Enthusiastinnen (mehr dazu siehe Kapitel 4). Was sie praktizieren, lässt neben dem Kind keinen Raum für Karriere – und streng genommen nicht einmal Raum für Kind Nummer zwei oder gar drei!

Wissenswertes zur Spezies der Raben

Die Rabenmütter mit ihrem schlechten Gewissen haben zu all dem immer geschwiegen. An dieser Stelle setzt dieses Buch an. Es will Frauen ermutigen, aufzustehen, die Wahrheit auszusprechen und es ganz entspannt anders zu machen. Es will sie bestärken, sich für Kinder zu entscheiden und für den Beruf – und gegen das Baby-Yoga.

Denn egal, wie man es betrachtet – im regionalen Vergleich, im historischen Rückblick oder einfach naturwissenschaftlich: Rabenmütter sind besser als ihr Ruf!

Die Naturwissenschaft ist gewöhnlich besonders nützlich, wenn es darum geht, Vorurteile als solche zu entlarven. So auch in diesem Fall. Fragt man Vogelkundler nach dem Phänomen »Rabenmutter«, erntet man nur erstauntes Kopfschütteln.

Unter Fachleuten sind die Kolkraben nämlich nicht etwa für nachlässiges, sondern sogar für besonders umsichtiges Brutpflegeverhalten bekannt! Beide Altvögel kümmern sich aufopferungsvoll um ihre drei bis sechs Jungen. Wenn diese nach einer Brutzeit von knapp drei Wochen schlüpfen, sind sie nackt und blind. Das Weibchen wärmt sie weiter im sorgfältig ausgepolsterten Horst. Der Vater trägt das Futter heran, die Mutter zerkleinert es, füttert den Nachwuchs und frisst selbst erst, wenn alle anderen satt sind. Später lehrt sie die Vogelkinder, nach Nahrung zu suchen. Erst wenn die Kleinen selbständig sind – also nach insgesamt vier bis acht Wochen –, trennen sich die Alten von ihren Jungen. Dabei soll es vorkommen, dass Jungvögel ihre Eltern aus Bequemlichkeit weiter um Futter anbetteln und von diesen ignoriert werden. Dieses – durchaus pädagogische – Verhalten brachte die Raben zu Unrecht in Verruf!

Modernen Menschenmüttern ergeht es nicht besser. Wer es wagt, über den Nestrand zu blicken, steht sofort unter Verdacht! Dabei ist die Vollzeitmutterschaft eine relativ junge Erfindung, wie das Kapitel 7 zeigen wird. Erst im 19. Jahrhundert entwickelte sich die Idee, dass Mütter ihr Leben voll und ganz den Kindern zu widmen hätten. Immer haben Frauen davor zum materiellen Wohl der Familie beigetragen. Und je weiter wir zurückgehen, desto mehr Aufgaben mussten sie dafür bewältigen: melken, buttern, spinnen, weben, jäten, ernten ... Die Bäuerinnen früher arbeiteten von Sonnenaufgang bis Sonnenuntergang. Von der 35-Stunden-Woche oder gar dem Teilzeitjob heutiger Rabenmütter konnten Kinder damals nur träumen.

Die Teilzeitbeschäftigung ist ein weibliches Phänomen. Sie hilft, Beruf und Familie zu vereinbaren, wo Tagesmütter rar sind und Schulen morgens Punkt acht Uhr die Tore öffnen und sie spätestens um ein Uhr wieder schließen.

Der Teilzeitjob ist auch ein deutsches Phänomen. Nur in wenigen anderen Ländern wird so viel gesplittet wie hierzulande, schreibt die Bertelsmann Stiftung. Gut möglich, dass Deutschland heute nicht einundsechzig Prozent berufstätige Mütter hätte, wenn es diese Möglichkeit nicht gäbe. Allerdings hat das Gesetz, das diese Lösung im Jahr 2001 rechtlich verbriefte, bisher auch nicht den erhofften Babyboom gebracht. Im Gegenteil. Angeführt wird die Geburtenstatistik weiter ausgerechnet von den Ländern, in denen Frauen vorwiegend volle Tage arbeiten: Schweden, Finnland, Dänemark, Norwegen (je 1,8 Kinder pro Frau), USA und Frankreich (je 2,1 Kinder pro Frau)!

Man fragt sich erstaunt, wie schaffen die das bloß? Und man lernt, in fast allen dieser Länder gibt es Ganztagsschulen und Kinderkrippen.

Haben die Mütter dort denn überhaupt keine Gewissensbisse? Offenbar nicht! Man erzieht unter anderen Prämissen. In Frankreich etwa beunruhigt Eltern nichts mehr als die Vorstellung, Kinder unkindgerecht zu verzärteln. Und so verbringen die Kleinen dort nicht nur ganze Tage mit ihren Kameraden in Schule und Hort, sondern auch die Ferien im staatlichen Ferienlager! Das Rabenklischee kennt man jenseits des Rheins nicht. Frankreichs Schreckensbild ist die *mère poule,* die überfürsorgliche Gluckenmutter (mehr dazu in Kapitel 6)!

Es ist davon auszugehen, dass all die Statistiken und internationalen Vergleiche natürlich auch im Berliner Bundesfamilienministerium aufmerksam gelesen werden. Was tun, damit die Deutschen endlich wieder mehr Kinder kriegen, fragte man sich dort inzwischen händeringend. Mehr Ganztagsschulen? Langfristig sicher keine schlechte Idee, aber leider Sache der Länder. Staatliche Ferienlager? Schwierig! Denn so etwas gab es schließlich in der DDR!

Die Wahl fiel auf den Ausbau der Kleinkindbetreuung. Aufruhr war zu erwarten. Krippen sind *sowohl* Ländersache *als auch* DDR-Erbe. Aber von allen Instrumenten versprach dieses in den Familien am schnellsten Wirkung zu zeigen. Na denn, auf in die Schlacht!

Monatelang tobte der Streit. Am Ende, das wissen wir heute, siegte die Ministerin: Bald soll es für jedes dritte Kind unter drei einen Krippenplatz oder eine Tagesmutter geben, ab 2013 sogar mit Rechtsanspruch.

Doch ganz kampflos wollten die Konservativen auch zum Schluss das Feld nicht räumen. Bayerns CSU verlangte ein Betreuungsgeld. 150 Euro für alle Mütter, die ihre Kinder nicht in die Krippe geben. Es muss eine der letzten Amtshandlungen des scheidenden Ministerpräsidenten Edmund Stoiber gewesen sein, dies im Berliner Gesetzentwurf zu plazieren. Als Gegengift sozusagen.

Nicht, dass man in Bayern völlig rückständig wäre. Im Gegenteil. Es gehört zu den Errungenschaften des Edmund Stoiber, dass er, das Motto »Laptop statt Lederhose« propagierend, die bayerische Wirtschaft auf Vordermann brachte. Er sparte bei den Staatsforsten, förderte dafür Biotech-Betriebe und lockte internationale Konzerne an. Und während er in München modernisierte, hielt ihm daheim in der Wolfratshausener Doppelhaushälfte Ehefrau Karin den Rücken frei. Ihren Beruf hat die Bankkauffrau aufgegeben, als 1971 das erste Kind kam, gefolgt von zwei weiteren, um deren Erziehung sie sich hingebungsvoll kümmerte: »Ich habe alles daran gesetzt, dass sie mit ihren schulischen Leistungen das studieren können, was ihnen vorschwebt.« Und mittlerweile ist sie stolze Großmutter von drei Enkeln. Für sie wohl wollte Stoiber Bestehendes erhalten. Er übersah dabei, dass das Krippenangebot keine Pflichtveranstaltung war.

Es gibt überall Familien wie die Stoibers. Sie sind – wie wir wissen – nicht mehr in der Mehrheit, aber doch meinungsbildend. Nur so konnte »Herdprämie« zum Unwort des Jahres 2007 werden. Der Spitzname fürs Betreuungsgeld beleidige Mütter, die Kinder zu Hause erzögen, begründete die Jury ihre Wahl. An das Wort »Rabenmutter« und dessen Wirkung auf Frauenseelen hatte offenbar keiner gedacht.

Taucht man ein in die Welt der Doppelhaushälften, der nach Geschlechtern geteilten Lebensläufe, dann hat man manchmal das Gefühl, das Scheidungsrecht sei schuld an den Scheidungen und Fremdbetreuung der Grund, wenn Familien scheitern.

Doch das Leben ist ein wenig komplizierter. Selbst ein konservatives Weltbild kann Krisen nicht verhindern.

Während die Republik über Familienwerte debattierte, verließ Niedersachsens CDU-Ministerpräsident Christian Wulff seine Familie und gründete eine neue. Baden-Württembergs Landesvater Günther Oettinger (ebenfalls CDU) wurde von seiner Frau für einen anderen Mann verlassen. Und CSU-Verbraucherminister Horst Seehofer schwankte zwischen seiner Gattin und seiner Geliebten. Insgesamt waren von all dem acht Kinder betroffen – aus den Ehen, den Affären und aus vorangegangenen Beziehungen.

Sind die Politiker der Parteien mit dem C also in Wahrheit von besonderer Charakterlosigkeit?

Keineswegs. Scheitern ist menschlich – und deshalb weit

verbreitet. Im selben Jahr wurden in Deutschland knapp 400 000 Ehen geschlossen und rund 200 000 wieder geschieden. Das, was wir »Bund fürs Leben« nennen, hält immer seltener ein Leben lang. Und die Hausfrauenehe ist dabei kein Garant, sondern manchmal auch eine Gefahr, und je stärker die Lebensläufe differieren, desto größer ist das Entfremdungsrisiko.

Wenn der Gatte spät nachts von all seinen wichtigen Terminen heimkehre, dann habe sie »kein Interesse mehr«, gab etwa die scheidende Ehefrau Inken Oettinger zu Protokoll, die Modedesignerin war, bevor sie Mutter wurde. Auch bei Christian Wulff klang das ähnlich: »Christiane und ich navigieren in unterschiedlichen Ozeanen.« Er hatte sich in eine berufstätige Mutter verliebt. Im Fall Horst Seehofers entwickelte sich die Sache immerhin in die andere Richtung: Der kehrte nach seinem Seitensprung mit einer jungen berufstätigen Dame zurück zu Vollzeitfamilienfrau Karin und den drei gemeinsamen Kindern.

Böse Zungen meinen zwar, es hätte auch anders ausgehen können, wenn Seehofer nicht just in der Zeit für den CSU-Vorsitz kandidiert hätte, als Nachfolger Edmund Stoibers an der Spitze der Partei. Bei der Wahl unterlag Seehofer dann bekanntermaßen trotz der Familienoffensive.

Auf einen erneuten Stimmungswandel des Politikers mochte sich die verlassene Geliebte aber offenbar genauso wenig verlassen wie auf das Versprechen Seehofers, er werde sich um das gemeinsame Baby kümmern: »Ich liebe alle meine vier Kinder. Ich übernehme auch die Verantwortung für die jüngste Tochter.«

Die Verlassene, Anette Fröhlich, die nach eigener Aussage per Telefon von der Trennung erfuhr, gönnte sich mangels Familienvater daher auch nur eine kleine Familienpause. Schon nach zwei Monaten trat die Rechtsanwältin ihre Arbeit in einem Abgeordnetenbüro wieder an. Für Töchterchen Anna-Felicia suchte sie – was wohl? Man ahnt es schon. Genau: erst eine Tagesmutter und dann einen Platz in der Krippe.

Doch wie gesagt ist dies, bei aller Tragik, parteiübergreifend und über die ganze Republik verbreitet, an der Tagesordnung: Fast jedes dritte Kind in Deutschland lebt heute nicht in einer klassischen Familie. Fünfzehn Prozent wachsen ohne Vater auf, zwei Prozent ohne Mutter, sechs Prozent mit unverheirateten Eltern und neun Prozent in nach Zerwürfnissen neu zusammengesetzten, sogenannten Patchwork-Familien.

Und in all der modernen Unübersichtlichkeit geht es den Kindern offenbar gar nicht so schlecht, wie der Bielefelder Soziologe Klaus Hurrelmann kürzlich in einer umfangreichen Studie feststellte. Bei der Untersuchung, für die bundesweit insgesamt fast 1600 Jungen und Mädchen nach ihren Wünschen und ihrer Einstellung zum Leben befragt wurden, äußerte sich die Mehrheit recht zufrieden. Die Kinder hätten ein sehr inniges Verhältnis zu ihren Eltern, hieß es, enger als jede Generation davor. Mit dem Familienstand hat Familienglück also offenbar nur bedingt etwas zu tun. Voraussetzung für die Zufriedenheit der Kinder ist vielmehr, dass die Eltern sich um sie kümmern und für sie aufkommen können.

Diese beiden Wünsche sind weniger widersprüchlich, als man zunächst glauben mag. Denn die Ursache für Zuwendungsdefizite ist laut Hurrelmann nämlich in der Regel nicht in der Berufstätigkeit der Eltern zu suchen – nicht einmal bei Doppelverdienerpaaren. »Haben Eltern Arbeit, sind die Kinder meist mit der Zuwendung zufrieden«, erklärt der Soziologe. »Überraschenderweise kümmern sich dagegen arbeitslose Mütter und Väter eher wenig um ihre Kinder.«

Bei den Kindern Alleinerziehender potenzieren sich die Probleme: Zur Abwesenheit eines Elternteils kommt oft die Arbeitsmarktproblematik und der soziale Abstieg. In vielen reichen Ländern wächst daher die Kinderarmut, wie eine UNICEF-Untersuchung zeigt. Auch in Deutschland. Während in Dänemark oder Finnland weniger als drei Prozent der Kinder betroffen sind, gelten hierzulande rund ein Zehntel aller Jungen und Mädchen als arm – und fast die Hälfte der Kinder von Alleinerziehenden.

Kann man es Frauen also ernsthaft verdenken, wenn sie weder auf die Treue der Männer noch auf staatliche Almosen vertrauen, sondern sich vor allem dann für Kinder entscheiden, wenn sie die Chance sehen, sie, auch durch ihrer eigenen Hände Arbeit, zu ernähren?

Doch wir sind sehr ernst geworden, am Anfang eines Buches, das später lieber heiter sein wird.

Schon an dieser Stelle wollen wir die Gedanken der Fruchtbarkeit, der Symmetrie elterlicher Beziehungen und der Existenzsicherung energisch beiseiteschieben.

Wir wollen über den Spaß reden, den Frauen mit ihren

Kindern und – egoistischerweise – auch fern von ihnen am Arbeitsplatz erleben. Denn wenn wir Mutter werden, ändert sich unsere innere Software ja nur zum Teil. Es kommen im Hirn einige Schleifen hinzu und im Herzen reichlich Gefühle, aber ansonsten bleiben wir die, die wir waren.

Wir lernen, Socken in gefräßige Sockentiere zu verwandeln, weil das lustig ist und das Anziehen morgens leichter macht. Wir lernen, dass Gummibärchen zwar schlecht für die Zähne sind, aber bei kleineren Schrammen und Blutergüssen durchaus der Genesung dienen. Wir lernen, aus Gips und Backpulver Vulkane zu bauen und den Streit zwischen rivalisierenden Indianerstämmen zu schlichten.

Wir lernen vieles hinzu, aber sonst ändert sich nichts an unserem Denken, Können und Wollen. Was tun wir also mit unseren Gedanken, die sich durchaus auch weiterhin in der Erwachsenenwelt tummeln möchten? Haben sie zwischendurch Freigang im Betrieb oder Büro? Oder sperren wir sie ins Erziehungscamp, überlassen wir sie dem Teach-In der PEKiP-Pädagogen?

Raben im Aufstand

Zum Abschluss des Kapitels noch eine kleine aufmunternde Geschichte aus Bayern. In diesem Land – hochmoderne Industrie und uralte Traditionen – regiert seit kurzem ein anderer Mann. Er heißt Günther Beckstein, und zusammen mit seiner Frau Marga hat er drei Kinder. Das Ehepaar Beckstein, so schrieb die *Süddeutsche Zeitung* beim Amtsantritt, führe eine »im CSU-Sinne untypische Ehe. Er hat immer gearbeitet. Sie hat immer gearbeitet. Schon als Beckstein noch Anwalt in Nürnberg und junger Landtagsabgeordneter war, musste sie sich (...) anreden lassen: In anderen Familien habe keiner einen Job, die Becksteins hätten gleich drei – Anwalt, Abgeordneter und Lehrerin. Natürlich war damit nicht gemeint, dass Beckstein einen seiner zwei Jobs aufgeben sollte. Sondern seine Frau den ihrigen.«

Wie soll man auf so etwas reagieren? Marga Beckstein hat einfach weitergearbeitet. Inzwischen sind die Kinder erwachsen. Alle drei promovieren gerade: die Tochter in Tiermedizin, der mittlere Sohn in Jura, der Jüngste in Politischer Wissenschaft.

Doch ausgerechnet jetzt wird Marga Beckstein wieder mit der alten Frage konfrontiert. Denn nun ist sie »Landesmutter«, und die Vorgängerin war damit ja schließlich auch ausgelastet.

Karin Stoiber war als Schirmherrin für verschiedene soziale Einrichtungen tätig. Und sie warb für die heimische Wirtschaft – durch den Kauf bayerischen Brotes ebenso wie durch elegante Auftritte in Escada-Roben.

Marga Beckstein hat auch allerhand vorzuweisen: Sie ist als Mesnerin und im Kirchenvorstand ihrer evangelischen Gemeinde aktiv. Und auch sie versteht Einkaufen als einen politischen Akt: Einmal im Jahr muss ihr Mann sie begleiten, damit er weiß, was die Sachen eigentlich kosten. Wenn man die bodenständige Frau dagegen bei offiziellen Anlässen im langen Kleid sieht, dann scheint sie sich darin eher unwohl zu fühlen. Sie werde den Ministerpräsidenten begleiten, »wo es sinnvoll und nötig ist«, sagt sie der *Süddeut-schen Zeitung.* Und: »Ich sehe keine Notwendigkeit, meinen Beruf aufzugeben.«

Und dann führt sie die Reporterin noch in den heimischen Garten, in dem handgetöpferte Raben die Besucherin frech ansehen. Raben im Aufstand: »In der Natur«, sagt die Landesmutter, »gedeihen Raben ganz prächtig.«

KAPITEL 2

Die Mütterbeschäftigungsindustrie

WARUM KINDERKRIEGEN WENIGER DENN JE MIT EINEM BROTBERUF ZU VEREINBAREN IST

Willkommen in der schweißtreibenden PEKiP-Welt

Wenn ein Thema mehrfach verfilmt wird, darf man davon ausgehen, dass es den Nerv des Publikums getroffen hat. *Drei Männer und ein Baby* war ein solcher Fall. Schon das Original aus dem Jahr 1985 war ein Riesenerfolg. Vor allem Frauen liebten die französische Komödie, in der eine Männer-WG plötzlich Zuwachs bekommt. Das Leben teilte sich angenehm in Arbeit und Vergnügen, bis ein brüllendes Baby alles durcheinanderbrachte. Weil der Film in Europa so erfolgreich war, wurde kurz darauf ein Remake mit New Yorker Yuppies für den US-Markt gedreht.

2004 wurde das Thema ein drittes Mal verfilmt, diesmal – speziell fürs deutsche Publikum – mit Heiner Lauterbach in der Hauptrolle. Zu den Höhepunkten dieser Version gehört die Szene, in der Macho Lauterbach seine ersten Erfahrungen mit einer Mutter-Kind-Gruppe macht. Ungläubig steht er im Berliner Hinterhof und beobachtet durchs Fenster erwachsene Frauen, wie sie Ringelreihen tanzen. Sie bewegen sich wie in Trance. Jede von ihnen hat ein Baby auf dem Arm, das – zu klein, um sich selbst zu bewegen – von den Müttern im Takt geschwungen wird. Und husch, husch, husch, wie auf Kommando bücken sich die bepackten Frauen flink unter den fiktiven Hollerbusch. Dabei wird ihnen ordentlich heiß. Sie schwitzen so sehr, dass die Scheiben beschlagen, durch die Lauterbach das Treiben verfolgt. Der zaudert. Der Filmheld hat sich als Vater ausgegeben, weil er hofft, attraktive junge Frauen kennenzulernen. Stattdessen trifft er auf vor Anstrengung dampfende Matronen.

Willkommen in der deutschen Mütterwelt, in dem schweißtreibenden Kosmos der Still- und Krabbelgruppen, des Säuglingsschwimmens und Baby-Yogas, der Schrei-Sprechstunden und Tragetuchkurse. Eine Welt, in der nichts ohne Anleitung zu funktionieren scheint, in der alle mütterlichen Ambitionen zurückzutreten haben und durch die tagtägliche Optimierung am Kind ersetzt werden müssen.

Auch viele Frauen mögen sich dort anfangs fremd fühlen, dann fügen sie sich doch, machen erst einen Kurs und dann noch einen und noch einen – aus Unsicherheit, Ehrgeiz oder auch Einsamkeit. Erst durch die Augen eines Mannes betrachtet, wird ihnen die Komik bewusst und ein befreiendes Lachen möglich.

Im Film muss es sich um einen PEKiP-Lehrgang handeln. PEKiP gehört zu den am häufigsten besuchten und gleichzeitig anstrengendsten Angeboten dieser Art. PEKiP – in den Ohren von Nicht-Eltern klingt das wie ein Programmierkurs für eine unbekannte Software. Und mit dieser

Einordnung liegt man auch gar nicht ganz daneben. Das Kürzel steht für »Prager Eltern-Kind-Programm«, und die Software, die es dabei zu bearbeiten gilt, ist die des eigenen Kindes. Das Ganze ist die Erfindung des tschechischen Psychologen Jaroslav Koch. PEKiP will Säuglinge schon beim Krabbeln- und Brabbelnlernen schulen, den Eltern die Kommunikation mit ihrem Kind lehren und so idealerweise die ganze Familie zu besseren Menschen machen. In den Siebzigerjahren griffen deutsche Sozialpädagogen Kochs Ideen begeistert auf. Und in der Zwischenzeit entwickelte sich der Tanz-, Kitzel- und Massageunterricht hierzulande zur Massenbewegung. In der urbanen Mittelschicht ist PEKiP inzwischen ein Muss.

Teilnehmen können Säuglinge ab der vierten Lebenswoche mit ihren Müttern oder auch Vätern. Letzteres kommt allerdings eher selten vor, denn die Kurse erfordern von den Eltern nicht nur Zeit, sondern auch eine gewisse Zähigkeit. Weil sich die Babys nach Meinung der PEKiP-Gurus nackt am besten entfalten können, herrschen in den Kursräumen meist tropische Temperaturen. Ungünstige Bedingungen für Papas, die danach wieder im Büro sitzen müssen. Müttern mutet man das schon eher zu und hofft, dass die Hitze alle Blockaden schmelzen lässt. Ziel der Kurse ist es nämlich ausdrücklich auch, dass die Erwachsenen aus sich herausgehen, ihrem Kind Emotionen zeigen und sich auch untereinander austauschen.

Kinderärzte beobachten das Ganze mit gemischten Gefühlen. Einerseits sehen sie durchaus die Vorteile der Veranstaltung. Schließlich wussten schon unsere Urgroßmütter, dass es Babys guttut, wenn man sie streichelt und wiegt (wenngleich dafür früher keine kostenpflichtige Unterweisung nötig war). Und spätestens seitdem die Wissenschaft das Thema Wochenbettdepressionen entdeckt hat, dürfte auch klar sein, dass Mutter und Kind davon profitieren, wenn man sie aus der Einsamkeit der eigenen vier Wände holt.

Andererseits schafft zu viel Austausch oft auch neue Probleme. So werden in Kinderarztpraxen immer wieder Mütter mit völlig gesunden Babys, aber bange fragendem Gesicht vorstellig. Ob das denn normal sei, wollen sie wissen, dass ihr Schätzchen noch zahnlos lächelnd auf dem Rücken liegt, während sich die Altersgenossen schon drehen und wenden oder wenigstens kräftig zahnen. Merke: Nirgendwo wird liebevoller geschaukelt, gegurrt und gestrichen als in der PEKiP-Gruppe, und nirgendwo wird gnadenloser geurteilt und verglichen!

So kommt es, dass es meist nicht bei dem einen Lehrgang bleibt – wenn man sich schon mal an überheizte Räume gewöhnt hat. Gern wird die Babymassage, das formvollendete Kneten der geliebten kleinen Speckröllchen, dann noch in einem eigenen Kurs vertieft.

Auch das Säuglingsschwimmen ist eine populäre Ergänzung bei ehrgeizigen Eltern. Das gilt besonders für all die, denen Motorik ein Anliegen ist, und solche, die Rückstände – beim Drehen oder in anderen Bereichen – gar nicht erst entstehen lassen wollen.

Irgendwann dachte ein sensibler Mensch darüber nach, wie man dem Kind nach neun Monaten frei schwebender

Existenz im Fruchtwasser den Übergang ins harte Leben erleichtern könnte. Das Ergebnis waren Wassergeburt und Schwimmstunden. Dass das Schwimmen in sportlichen Wettbewerb ausarten würde, konnte er ja nicht ahnen.

Was aber ist der Nutzen? Die gute Nachricht vorweg: Von Natur aus sind Babys mit einem Atemschutzreflex ausgestattet, der verhindert, dass sie ertrinken, selbst wenn sie bei den Badeübungen untertauchen. Somit kann man sich zumindest sicher sein, dabei nicht das Leben seines Kindes zu gefährden. Das Planschen in Bauchlage fördert außerdem das sogenannte Reflexkriechen. Einige Bewegungen werden zu Wasser also tatsächlich ein wenig früher aktiviert als zu Lande.

Das heißt aber umgekehrt nicht, dass ein Kind Entwicklungsnachteile erleidet, wenn Eltern den Aufenthalt in pipiwarmem und meist auch stark pipihaltigem Wasser scheuen. Auch da hat die Natur vorgesorgt. Kinder in dem Alter lernen, was sie lernen müssen und zwar unabhängig vom elterlichen Weiterbildungswillen und anderen äußeren Umständen. Selbst Babys, die etwa durch ein Gipsbett monatelang komplett unbeweglich sind, beginnen ganz normal zu stehen und zu gehen, sobald sie von dem Hemmnis befreit werden.

Und nun die schlechte Nachricht: Wer vom Freischwimmer oder anderen frühkindlichen Leistungsbeweisen träumt, wird zutiefst enttäuscht sein. Die Erwartungen an den sportlichen Erfolg der Babykurse sollte man auf keinen Fall zu hoch ansetzen. Auch mit einem solchen Kurs müssen die Kinder später ganz normal Schwimmen lernen. Und manche von ihnen müssen sogar die Wasserscheu völlig neu überwinden.

In den vielen Büchern, die in den vergangenen Jahrzehnten zu dem Thema geschrieben wurden, wird das Säuglingsschwimmen darüber hinaus als ideales Mittel zur Infektabwehr gepriesen. Das ließ jahrelang viele Mütter verzweifeln, deren Babys den Badespaß prompt mit Schniefnasen oder gar Mittelohrentzündungen quittierten. Inzwischen gibt es auch zu diesem Punkt gewichtige Gegenstimmen und zwar ebenfalls in Buchform. So rät etwa das Kinderarzt-Duo Wolfgang Goebel und Michaela Glöckler bei Säuglingen komplett vom Schwimmen ab. In ihrem Klassiker *Kindersprechstunde* warnen sie vor dem Chlorwasser und davor, dass die viele Planscherei die Entwicklung des Schwerkraftempfindens beeinträchtige.

Auch die Babymassage, die jüngst in wunderbaren Bildbänden verewigt wurde, wird in dem Buch negativ kommentiert. Laut *Kindersprechstunde* werden Babys durch das normale Herumtragen, Wickeln und Waschen, Küssen und Liebkosen schon genug stimuliert. Systematische Massagen dagegen halten selbst die beiden der Anthroposophie nahestehenden Ärzte für kontraproduktiv.

Das zeigt, wie vergänglich die Moden sind. Was aber nicht heißt, dass nicht immer wieder neue Trends hinzukämen, um Mutter und Kind auf Trab zu halten. Eine der jüngsten Erfindungen ist das sogenannte Baby-Yoga.

Im schicken Hamburger Stadtteil Eimsbüttel machen trendbewusste Säuglinge montags zwischen halb elf und zwölf die ersten Dehnübungen. In Düsseldorf ist der »Raum für Yoga« am Freitagvormittag für Kinder unter einem Jahr reserviert. Und in München-Schwabing können Babys ab der sechsten Woche am Mittwochnachmittag mit Mama Asanas trainieren.

Yoga ist eine uralte indische Lehre, bei der es um Meditation, Askese und Körperarbeit geht. Ersteres scheidet für die genannte Zielgruppe komplett aus, auch wenn manche Mütter bei ihrem schreienden Säugling die meditativen Phasen herbeisehnen mögen. Askese ließe sich leichter verordnen, ist aber das Letzte, was sich Eltern bei ihrem Baby wünschen. Der Wonneproppen soll fleißig futtern, Pfunde zulegen und vor Lebenslust strotzen. Denn sonst schneidet er schlecht ab unter all den anderen voll gestillten und vollwertig ernährten Power-Kids in der PEKiP-Gruppe. Ja, und die Körperarbeit, die ist mit Mutters Hilfe zwar machbar, aber gleichzeitig gänzlich überflüssig. Gesunde Babys bauen wie erwähnt alle nötigen Muskeln ganz ohne unser Zutun auf und sind dabei so beweglich, dass jeder Yogi vor Neid erblasst. Kleinkinder sitzen völlig entspannt zwischen den eigenen Schenkeln. Sie können noch auf der ganzen Fußsohle in die Hocke gehen und patschen aus der Rumpfbeuge locker die Handflächen auf den Boden. Erwachsene dagegen müssen monatelang trainieren, um all diese Fähigkeiten zurückzugewinnen.

Das wissen natürlich auch die Yoga-Anbieter. Die Übungen für die Kleinsten machen deshalb oft nur einen Teil der sogenannten Babykurse aus. Der Rest wendet sich an die Mütter. Die Veranstalter haben erkannt, dass sich Frauen gerade nach der Schwangerschaft nach sportlicher Betätigung sehnen. Dass alle heimlich darum bangen, ob Bauch und Beckenboden jemals wieder den Originalzustand erreichen. Dass sie es aber leichter mit ihrem Gewissen vereinbaren können, ans eigene Wohlbefinden zu denken, wenn der Kurs auch ihrem Kind Wellness verspricht. Und dass sie auch gern bereit sind, Geld auszugeben, wenn sie so den Gesundheitslatschengeruch und die Reha-Atmosphäre der normalen Rückbildungskurse vermeiden können.

Diese Kurse finden meist im Keller der Geburtsklinik statt, gleich hinter dem Heizungsraum rechts. Sie haben selten Tageslicht, kaum Frischluft und fast nie eine Dusche. Schließlich ist frau nicht zum Vergnügen hier. Die Kassen zahlen die Rückbildungsgymnastik, um Inkontinenz und anderen kostspieligen Leiden vorzubeugen. Es gilt, Gebärmuttervorfälle zu verhindern und die Gebärfähigkeit schnell wiederherzustellen. Wer nach sechs Wochen beharrlichen Beckenbodentrainings zu fragen wagt, wann denn die Übungen für den Bauch kommen, hat das Kursziel verfehlt. »Sie haben doch jetzt ein Kind, da darf man ruhig etwas weiblicher aussehen!«, antwortet die Hebamme der jungen Mutter mitleidslos. Das Töchterchen ist in der Tat deren ganzer Stolz: zwölf Wochen alt und zwölf Pfund schwer, ein heiteres und hübsches kleines Mädchen. Nur die Mutter selbst findet sich nicht mehr ganz so hübsch. Trotz eifrigen Stillens will sich der Bauch partout nicht zurückbilden, wie es die Ratgeberliteratur versprach. Eitelkeiten! Als gute Mutter hat man an so etwas nicht zu denken.

Der Wahnsinn beginnt schon
vor dem Wochenbett ...

Schon bei der Geburtsvorbereitung wird der Grundstein gelegt, denn in Wirklichkeit bereitet dieser Kurs Frauen darauf vor, dass ihr Körper nun nicht mehr ihr Eigentum ist. Bisher hat man Brust und Scham als Intimbereich betrachtet und züchtig verhüllt. Im Kurs sieht man alles aus einer anderen Perspektive: im Quer- oder auch Längsschnitt und in reproduktiver Funktion. Die aber muss man im Kreis wildfremder Menschen diskutieren. Zehn werdende Mütter – und neuerdings zusätzlich werdende Väter – sind zusammengekommen, um sich auf Großes vorzubereiten. Da gibt es keine Tabus. Nur manchmal erlebt man, dass die Frauen in den Pausen unter sich sind und Wissenswertes über Schwangerschafts-BHs, Stilleinlagen und Wochenfluss austauschen. Daran wollen sie die fremden Väter dann doch nicht teilhaben lassen.

Die Frau – das unbekannte Wesen. Schon zu Anfang des Kurses holt die Hebamme eine Art Strickpudelmütze aus dem Schrank. Sie ist längsgerippt, rosa-rot geringelt und durch eine Kordel verschlossen. Darin sitzt eine Puppe. Wir lernen, die Pudelmütze ist unsere Gebärmutter. Sie geht reihum, und jeder darf sie einmal anfassen. Weiß jemand in der Gruppe schon, wie das Kind geboren wird? Wir lernen, die Rippen und Ringel der Mütze stellen die quer- und längsgestreifte Muskulatur dar. Die Muskeln bewegen das Baby aus der Gebärmutter heraus, während sich die Kordel – der Muttermund – öffnet. Noch einmal geht die Mütze im Kreis herum, und jeder darf probeweise am Knoten nesteln.

In Wirklichkeit, das ahnen alle, ist es nicht ganz so einfach. Die Hebamme beginnt mit den Atemübungen für die Wehen. Fast drei von sechs Doppelstunden wird nun geübt: flaches Hecheln vor und nach dem Pressen, langes Ausatmen bei starken Wehenschmerzen und tiefe Luftzüge unmittelbar danach. Den werdenden Vätern fällt es naturgemäß noch schwerer als ihren Frauen, sich die »Vaginalatmung in den Bauch hinein« vorzustellen. Einer fragt nach schmerzstillenden Spritzen, nach Kaiserschnitt. Falsches Stichwort!

Zum Glück ist die Hebamme aufgeklärt. So widmet sie dem Thema Periduralanästhesie doch fast eine Viertelstunde. Sie sagt, dass man eine Betäubung nicht »grundsätzlich« ablehnen soll, und sie verzichtet auch darauf, den Geburtsschmerz als »großen Orgasmus« zu beschreiben, wie das in den Begleitunterlagen zum Kurs geschieht. Beim Kaiserschnitt dagegen wird die Hebamme wortkarg. Es lohne nicht, sich den Kopf zu zerbrechen, denn das entscheide man im Kreißsaal aus der Situation heraus, sagt sie, Wunschkaiserschnitte seien hierzulande ja zum Glück selten.

Auch das ist typisch für die deutsche Mütterwelt: Leidenswille und Opferbereitschaft gehören unbedingt dazu. Fast so, als würden im Kreißsaal Tapferkeitsmedaillen verliehen, die frühzeitig diejenigen unter uns auszeichnen, die dem Müttermarathon später am besten standhalten. Und kaum eine traut sich zu fragen, ob das alles dem Kind nützt oder vielleicht sogar schadet.

Manche Frauen wagen auch dann nicht, um einen Kaiserschnitt zu bitten, wenn sie mit einem extrem schweren Kind schon zwanzig Stunden in den Wehen liegen. Ab vier Kilo geschätztem Geburtsgewicht ist die Sectio eigentlich Standard. Und dann gibt es auch Fälle, in denen nach achtzehn Stunden endlich die Entscheidung für den Eingriff fällt, und die junge Mutter sich hinterher schwere Vorwürfe macht, weil sie nach der Vorbereitung im Kurs das Gefühl hat, schon ganz am Anfang gegenüber ihrem Kind kläglich versagt zu haben.

Am schwierigsten ist das Thema für die Hebammen selbst. Denn natürlich bekommen auch sie Kinder, und ein Kaiserschnitt lässt sich manchmal nicht vermeiden. Doch über die Sectio reden sie meist sehr ungern, weil sie fürchten, von ihren Kolleginnen geschnitten zu werden.

In Wirklichkeit steigen die Raten weltweit. Auch in Deutschland werden immer mehr Kinder per Kaiserschnitt geboren. Im Jahr 2005 haben achtundzwanzig Prozent aller Mütter hierzulande ihr Baby so zur Welt gebracht. Noch fünfzehn Jahre vorher waren es nur gut halb so viele. Für diese Entwicklung gibt es mehrere Gründe – gute und schlechte. Zu den schlechten gehört die Tatsache, dass die klammen Kliniken die Geburt als Geschäft entdeckt haben und dass ein Kaiserschnitt besser planbar und zudem einträglicher ist als eine natürliche Entbindung. Andererseits steigt auch die Zahl der Risikogeburten: Die Kinder werden schon im Mutterleib immer größer und schwerer, die Schwangeren immer älter. Die Zahl der Zwillingsschwangerschaften steigt.

Gleichzeitig aber hat sich auch die Operationstechnik verbessert. Die Schnitte sind heute kleiner und heilen schneller als früher. Früher war die Sectio ein schwerer Eingriff, heute stehen die Mütter schon am Tag danach wieder auf und sitzen beim Stillen nur ein bisschen schiefer als die Zimmernachbarin mit der Dammnaht. Und Zangen- und Saugglockengeburten – auch das sollte man nicht verschweigen – gibt es dank der neuen Kaiserschnitttechnik heutzutage kaum noch. Es lohnt sich also durchaus, sich eine Meinung zu bilden und zwar möglichst frühzeitig und nicht erst aus der halbschrägen Lage des Gebärstuhls heraus, wenn die Herztöne des Kindes schwach zu werden beginnen.

Warum also wird die Sectio in fast allen Geburtsvorbereitungskursen ausgespart? Vor allem deshalb, weil diese Kurse davon leben, dass Frauen eben nicht per Kaiserschnitt entbinden. Das gilt erst recht für den gesamten Hebammenberuf. Nichts gegen das Handwerk an sich. Vielfach heißt es, die Hetären seien die ersten berufstätigen Frauen gewesen, doch viel wahrscheinlicher ist, dass die Hebammen als erste ihr eigenes Geld verdienten. Und das völlig zu Recht, die Geburtshilfe ist eine hohe Kunst, die schon Leben rettete, als die Medizin noch in den Kinderschuhen steckte. Und selbst in Zeiten der fortgeschrittenen Chirurgie ginge es bei der Vor- und Nachsorge und erst recht während der Geburt nicht ohne die Erfahrung und das Einfühlungsvermögen der Hebammen.

Aber man darf auch deren Eigeninteressen nicht vergessen. Die Gebärstation ist vermutlich die einzige Abteilung der Klinik, in der Frauen das Sagen haben, noch dazu Frauen ohne Facharztausbildung. Verläuft eine Geburt normal, bekommt die Gebärende kaum einen Arzt zu sehen. Beim Kaiserschnitt dagegen ist ein Mediziner der Chef.

Muss es da verwundern, dass Hebammen versuchen, den werdenden Müttern die Vorteile der natürlichen Variante nahezubringen? Schließlich geht es um einen Jahrtausende alten Beruf, der durch den Geburtenrückgang sowieso bedroht ist. Gleichzeitig allerdings haben die weisen Frauen ihren Aktionsradius umfangreich ausgeweitet. Zur Vorbereitung auf die (natürliche) Geburt veranstalten sie Bauchtanz- und Salsakurse. Bei zahlungskräftigen Müttern machen sie auch Hausbesuche mit Akupunkturnadeln, Aromatherapie und chinesischen Moxa-Kegeln im Koffer.

Und besonders ausgewählte Hebammen bieten außerdem Haptonomie-Stunden an. Bei dieser aus Holland importierten Lehre geht es darum, schon während der Schwangerschaft durch Handauflegen Kontakt zum Kind aufzunehmen. Das tun werdende Mütter zwar eigentlich instinktiv; die charakteristische Handbewegung verrät die Schwangere oft schon, bevor der Bauch sichtbar wird. Doch das Ganze ist natürlich ausbaufähig. Und so schwärmen überzeugte Haptonomie-Eltern von Erlebnissen fast wie in der Wiener Hofreitschule. Sie erzählen, wie sich ihr Kind unter der Bauchdecke ihrer Hand genähert habe, wie es ihr von links nach rechts gefolgt sei und wieder zurück! Bis zu einem gewissen Punkt tun das zwar, wie gesagt, alle Kinder, lipizanerartige Präzision jedoch lässt sich dabei vermutlich nur unter fachkundiger Anleitung erreichen.

Über den frühen Dressurerfolg hinaus verspricht die Haptonomie natürlich noch ganz andere Vorteile. Angeblich ermöglicht sie eine fast schmerzfreie Geburt und senkt den Anteil der Kaiserschnitte auf unter fünf Prozent. Ersteres wird selbst von enthusiastischen Haptonomie-Müttern energisch bestritten. Für Letzteres fehlt leider bis heute der seriöse statistische Beleg – was der Beliebtheit in gewissen Kreisen jedoch nicht unbedingt Abbruch tut.

Und so kommt es, dass Eltern, die es besonders gut machen wollen, schon vor der Geburt von einem Kurs zum anderen eilen und dass sich der Termindruck danach beliebig weiter erhöht.

Nach PEKiP, Babymassage, Yoga und Säuglingsschwimmen kommt der Kurs »Bärigstarke Kinderkost« oder noch besser »Babys B(r)eikost – auch für allergiegefährdete Kinder«. Denn irgendwann ab dem vierten Monat wird sich das Kind nicht mehr mit der Brust allein zufriedengeben. Man könnte dann Gläschen zufüttern – nach allen Testberichten vermutlich die schadstoffärmste Variante. Man könnte die Möhren auch selbst matschen; wenn sie vom Biohof kommen, ist das genauso gesund und zeugt von mehr Hingabe. Der höchste Beweis der Mutterliebe jedoch ist es, das Möhrchenpürieren (salzarm!) im Kochkurs zu perfektionieren.

Zur Sicherheit macht man sich auch zu dieser Zeit schon Gedanken, wie man das Kleine musisch am besten fördern kann. Schließlich lässt sich an Wunderkindern wie Wolfgang Amadeus Mozart, Michael Jackson und Britney Spears beobachten, was es bedeutet, mit Musik aufzuwachsen. Sie selbst sind weder so begabt wie Papa Mozart noch so durchsetzungsstark wie der Daddy von Michael Jackson?

Dann sollten Sie sich erst recht zeitig kümmern. Denn die Kurse für musikalische Früherziehung beginnen zwar meist erst, wenn das Kind stehen und Mutters Topfdeckel schlagen kann, also etwa um den zweiten Geburtstag herum. Doch in den Wohnvierteln der Bildungsbürger – zu denen Sie ja wohl hoffentlich auch gehören – gibt es lange Wartelisten. Man kann gar nicht früh genug kommen!

Das Gleiche gilt für die Spracherziehung. Englisch, die Lingua Franca, soll dem Kind den Weg in die Welt öffnen. Zum Glück gibt es *Helen Doron Early-English,* ein Franchise-Unternehmen mit Filialen in fast allen großen Städten. Eine Sprachschule für Kinder ab einem Jahr. Wenn der Zwerg gerade anfängt, auf Deutsch »Mama«, »Ball« und »Bus« zu sagen, kann er zeitgleich noch die englischen Vokabeln dazu pauken. Und zwar unter Anleitung staatlich geprüfter Übersetzerinnen, frühpensionierter Oberstudienrätinnen und anderem Fachpersonal. Dabei handelt es sich zwar im seltensten Fall um Muttersprachler, sondern um Deutsche, die dann einmal in der Woche die Fremdsprache nach der »Full Immersion«-Methode unterrichten. Doch wer wird die Chance verstreichen lassen, wo doch gerade Kinder Sprachen besonders leicht lernen. Eigentlich gehört der Unterricht deshalb dringend in die Schulen und Kindergärten. Und glücklicherweise haben das inzwischen auch die Bildungspolitiker erkannt. Inzwischen können Kinder in fast allen Bundesländern in der dritten Klasse mit einer Fremdsprache beginnen. Die ehrgeizigen Schwaben machen es sogar noch besser, in Baden-Württemberg gibt es den Englischunterricht schon ab der Einschulung.

Auch in den Kindergärten ist ein Anfang gemacht. Firmenkindergärten sind notgedrungen international. So beschäftigt zum Beispiel die Kita der deutschen *Metro*-Zentrale auch englischsprachige Erzieherinnen – schon allein, weil Managerkinder aus aller Welt Ansprechpartner brauchen. Die bilinguale Betreuung ist natürlich auch für die deutschen Jungen und Mädchen dort der beste Einstieg. Auch andere private Kindergärten haben deshalb schon nachgezogen. Und selbst in öffentlichen Kitas wird fürs Sommerfest inzwischen fleißig englisches Liedgut trainiert.

Für die Anbieter von Early-Englisch müsste das eigentlich ein Desaster sein. Doch bei Helen Doron war man schlau und fand eine neue Nische. Seit kurzem gibt es die Sprachkurse schon für Säuglinge ab dem dritten Lebensmonat. Die können zwar noch keine Silbe sagen, sollen sich aber beim Schunkeln und Schaukeln mit Mama und der Trainerin schon mal an die fremde Sprachmelodie gewöhnen.

Die Folge: Das findige Franchise-Unternehmen boomt. Rund 23 000 Kinder ab dem Säuglingsalter waren 2007 dort eingeschrieben, im Jahr zuvor waren es noch 14 000. Deutschland ist der am schnellsten wachsende Markt der international operierenden Sprachschulkette.

Neben dem Sprachunterricht gibt es hierzulande auch noch eine Menge anderer Angebote für kleine Klugscheißer. In Berlin zum Beispiel bietet *FasTracKids* Drei- bis Sechsjährigen ein Curriculum, das eher nach Kollegstufe als nach Kindergarten klingt. Neben Mathematik, Kommunikation und Biologie stehen auch Astronomie und sogar Ökonomie auf dem Lehrplan. Während normale Kinder draußen Ball spielen, bringt man den Kleinen dort via Smartboard bei, dass ein Kreis etwas Rundes ist. In »Biologie« lernen sie, was passiert, wenn man Blumen nicht gießt, anstatt im Waldkindergarten oder auf dem heimischen Rasen oder Balkon die Natur direkt kennenzulernen.

Ganz offenbar hat die PISA-Diskussion in Deutschland Wirkung gezeigt. Immer mehr Eltern trauen dem öffentlichen Bildungsangebot nicht mehr. Grundsätzlich ist dagegen nichts einzuwenden. Als Mutter oder Vater muss man sich dafür interessieren, was in den Köpfen der Kinder vorgeht, sie nach Kräften fördern und auch für gute Startchancen kämpfen. Doch inzwischen scheinen dabei viele das Augenmaß zu verlieren. Sie kaufen schon für die Kleinsten Bildung zu, weil sie fürchten, ohne Baby-Tuning könnte das Kind schon als Abc-Schütze hinterherhinken, von späteren Karrieredefiziten ganz zu schweigen.

Und dabei fragen die ehrgeizigen Eltern ganz offenbar nicht nach dem Sinn, einem Wickelkind einmal wöchentlich eine Stunde Englisch zu spendieren. Sicher, kleine Kinder lernen besonders gut, was in der Debatte um Kindergartenplätze leider jahrzehntelang ignoriert wurde. Aber eine Stunde pro Woche hat nahezu keinen Effekt, schon gar nicht bei einer Lehrkraft, die so deutsch ist wie du und ich. Da kann man gleich auf den Schulunterricht warten und die Kinder in der Zwischenzeit spielen lassen.

»Der Druck auf die Eltern wächst, nur ja keine Chancen auszulassen«, beobachtet der Frühpädagoge Wassilios Fthenakis, Mitherausgeber des *Handbuch Familie*. »Aber kleine Kinder lernen nur situationsbedingt, solche Programme müssen auch etwas mit ihrem Alltag zu tun haben.« Das heißt, das Early-English, die Klavierstunden für Kinder ab vier und der Golf-Mini-Club fruchten nur, wenn auch zu Hause in der Familie gelegentlich Englisch gesprochen, Hausmusik gemacht und auch Sport getrieben wird.

Natürlich könnte man ein Au-pair-Mädchen aufnehmen, aus England (schwer zu bekommen!), Kanada, Südafrika oder von den Philippinen. Bei der Gelegenheit würde das Kind noch viele andere wertvolle Impulse bekommen, zu Fragen der Geographie etwa (»Mami, wo ist Südafrika?«) oder Geschichte (»Mami, wieso hat Helen weiße Haut, wenn sie doch aus Afrika kommt?«). Und Philippinas sprechen nicht nur gut Englisch, sondern sind meist begnadete Sängerinnen und deshalb in ganz Asien als Kinderfrauen beliebt.

In den USA geht man sogar noch weiter. Dort wachsen die Kinder schon von Haus aus mit der Weltsprache auf. Aber weil auch Chinesisch bald eine solche werden könnte, heuern vorausschauende Eltern dort inzwischen Nannys aus der Volksrepublik an. Die schieben die Zwerge dann Mandarin plaudernd durch Manhattan. Und auf dem Weg zum Central Park Zoo üben sie die ersten chinesischen Schriftzeichen: für Affe, Ameise und Giraffe.

In Deutschland wäre das schwierig – schon wegen der Vorurteile gegen Fremdbetreuung. Deshalb müssen die Mamis ran und das Kind chauffieren: montags zur Musikschule, dienstags zum Ballet, mittwochs zum Malkurs, donnerstags zum Early-English oder demnächst vielleicht auch Mandarin für Minis und freitags zum Zirkus-Workshop. Da sollen sich Stadtkinder mit Bewegungsmangel dann unter Anleitung mal so richtig austoben.

»Verplantes Kind – wenn der Terminkalender den Tag bestimmt«, titelte jüngst das Düsseldorfer Magazin *Libelle*. Das ist insofern bemerkenswert, als es sich bei der Publikation nicht etwa um das Zentralorgan besorgter Pädagogen handelt, sondern um eine Art Veranstaltungsmagazin für Kinder und deren Eltern. Es liegt in den Kindergärten der Landeshauptstadt aus – und es lebt von den Anzeigen der Mal- und Musikschulen, der Zaubershow- und Sprachkursanbieter.

Vom Terminkalender der Erwachsenen spricht in diesem Zusammenhang noch keiner, außer vielleicht die französische Mutter, die mit ihren drei Kindern erschöpft an einem deutschen Sandkastenrand sitzt und fragt: »Wie macht ihr das hier bloß?« Sport und Klavier für die Große, Ballett und Singen für die Mittlere, dazu die Besuche bei den Freunden – und der Kleine sei im Kindersitz bei allen Fahrten dabei, weil sie ihn ja nicht zu Hause sich selbst überlassen könne, klagt sie. »In Frankreich fanden alle Kurse nachmittags an der Schule statt, dort war ich berufstätig, daran ist hier nicht zu denken.« Die Frauen um sie herum schweigen betreten. Sie haben nur je ein Kind in der Sandkiste sitzen, aber den Beruf haben sie sich auf lange Zeit abgeschminkt, schon allein weil Ganztagsschulen hierzulande als gruselige Verwahranstalten gelten.

... und endet erst, wenn die Kinder erwachsen sind

Wir vertrauen dem Staat nicht mehr in Sachen Bildung und erst recht nicht in Fragen der Erziehung. Gleichzeitig aber sind viele Eltern hilflos und suchen Rat. Denn nach einer langen Phase des Laisser-faire ist das Antiautoritäre aus der Mode gekommen. Inzwischen sind wieder Sekundärtugenden gefragt – Pünktlichkeit, Höflichkeit, Tischmanieren. Das gilt für die Großen und natürlich auch für die Kleinen. Doch gleichzeitig wollen wir sie weder schlagen noch schimpfen, noch anschreien. Da ist guter Rat oft teuer.

Von dieser Unsicherheit lebt ein Heer von Beratern, die außer PEKiP auch noch viele andere Kürzel für uns bereithalten. STEP etwa, Triple P oder auch PEP4Kids, um nur einige Beispiele zu nennen.

STEP (»Systematic Training for Effective Parenting«) ist ein Kurs, der aus den USA kommt und inzwischen auch hierzulande Eltern »effektives Erziehen« beibringen will. Was tun, wenn der kleine Nick partout nicht ins Bett will? Wenn er noch im Kinderzimmer herumhopst, obwohl Mama und Papa schon mit dem Buch am Bettrand sitzen, beide bereit, das perfekte Einschlafritual zu zelebrieren, von allen einschlägigen Experten empfohlen. Nur der Junge, der will einfach nicht parieren. Nach zehn Doppelstunden bei der STEP-Trainerin haben die Eltern gelernt, da hilft nur Konsequenz. Hart aber herzlich soll man dem Kind die Alternativen aufzeigen: vorlesen oder gleich schlafen. Nur den Kampf mit dem zornigen Sprössling, den müssen sie danach noch selber führen.

An dieser Stelle könnte vielleicht Triple P (»Positive Parenting Program«) hilfreich sein, denn da geht es ums Aushalten und um den Umgang mit Problemverhalten. Das Programm stammt aus Australien. In Deutschland wurde es nach einem Artikel der Zeitschrift *Geo* populär, seitdem haben Tausende Eltern teilgenommen und ihre Kinder bei Ruhestörung auf den »stillen Stuhl« gesetzt oder – bei schlimmerem Fehlverhalten – »Auszeiten« in einem abgelegenen Zimmer verordnet.

Daneben gibt es natürlich auch genuin deutsche Angebote, die mit etwas sanfteren Methoden arbeiten: den von zwei Viersener Trainern erdachten »Erziehungsführerschein« etwa. Oder PEP4Kids, entwickelt von einem Psychologen aus dem südhessischen Mühltal. Er will umgekehrt, dass Eltern ein »Positiv-Tagebuch« über ihr Kind führen und über ihr eigenes »Problemverhalten« nachdenken. Und schließlich gibt es noch den Klassiker vom Deutschen Kinderschutzbund: »Starke Eltern – Starke Kinder«. Der Verband hatte jahrzehntelang für »das Recht des Kindes auf eine gewaltfreie Erziehung« gekämpft. Und als dieses Recht im Jahr 2000 endlich Gesetz wurde, sahen sich die Kinderschützer in der Pflicht und kreierten den Kurs. Über 50 000 Eltern haben bisher daran teilgenommen.

Die Wochenzeitung *DIE ZEIT* widmete dem Thema ein Dossier: »Irgendwo auf dem Weg von autoritären Traditionen hin zu demokratischen Erziehungsidealen scheint deutschen Eltern der selbstverständliche Umgang mit ihren Kindern abhanden gekommen zu sein und direkt durch Schuldgefühle und ein dauernd schlechtes Gewissen ersetzt worden zu sein«, schrieb die Autorin Iris Mainka, selbst dreifache Mutter.

Was also tun? Sollen wir, die wir ein halbes Leben in Klassen, Kursen und Konferenzen verbringen, wir, die ohne Ausbildung nebst Zertifikat weder Auto fahren noch angeln, uns ausgerechnet hier keine Hilfe holen, wo es doch um das Wichtigste in unserem Leben geht: unsere Kinder?

Natürlich nicht. Die Elternschaft ist eine neue Situation, gerade für Menschen, die vorher ihr Leben vorrangig dem Beruf und der Bildung widmeten. Ein Kurs, der hilft, sich darauf einzustellen, mag sinnvoll sein. Gerade weil in unserer berufsbedingt hochmobilen Gesellschaft die Großfamilie fehlt, die Erfahrungswissen einfach so weitergeben kann. Da sich die Frauen heutzutage nicht mehr am Dorfbrunnen treffen, ist eine neue Diskussionsplattform nötig. Irgendwo muss schließlich geklärt werden, was für das Kind wohl besser ist: Badewanne oder -eimer; Tragetuch, -sack oder Känguruhtasche.

Frauen, die es gewohnt waren, ihren Tag im Büro zu verbringen, finden in den Kursen Kollegenersatz, Kampfgenossinnen und manchmal sogar eine Kinderbetreuung für später, wenn sie wieder in den Job zurückkehren.

Allerdings ist diese Sorte Mutter in den Kursen meist stark in der Minderzahl. Sie wollen die kostbare Familienzeit lieber mit dem Kind verbringen als im Klassenzimmer. Auch fürchten sie, sich dort der Kritik als »Karrieremutter« auszusetzen.

Und das, obwohl »Karriere« nach einer solchen Auszeit in Deutschland selten Aufstieg bedeutet und es in den meisten

Fällen eher darum geht, den beruflichen Ab- oder Ausstieg zu verhindern.

Das Problem: Jede Gruppe erzeugt Gruppendruck. Das notorisch schlechte Gewissen, das Mütter ab der Niederkunft begleitet und als eine Art virtuelle Nabelschnur die bestmögliche Brutpflege garantiert, wird durch die Kurse ins Unermessliche gesteigert. Eigentlich sollen sie die Kompetenz und das Selbstvertrauen stärken. Doch in Wirklichkeit ist es oft umgekehrt: Eltern verlassen sich danach mehr und mehr auf beratende Institutionen und noch weniger auf Instinkt und Intuition.

Früher bekamen die Menschen Kinder und waren froh, wenn diese die Kindheit überlebten und rechtschaffene Menschen wurden. Heute ist die Säuglingssterblichkeit äußerst gering, und das Wochenbett stellt auch keine Gefahr mehr dar. Gegen Kinderkrankheiten gibt es Impfungen. Und trotzdem sind wir mehr denn je von der ständigen Sorge um den Nachwuchs geplagt. PEKiP, Säuglingsschwimmen und -massage – ist man erst von der Idee beseelt, die Eltern und nur die könnten den Lebenslauf des neuen Erdenbürgers bestmöglich gestalten, finden sich auch viele andere Angebote. Eine Art Optimierungswahn macht sich breit. Baby-Yoga, Early-English, Experimentier-, Mal- und Musikstunden. Es scheint, als ließe sich die kindliche Software durch fleißigen Kursbesuch frühzeitig auf Glück und Erfolg programmieren. Das Ergebnis jedoch ist Stress für Mütter *und* Kinder.

Wir warnen vor Fremdbetreuung, heißen es aber gut, dass sich schon die Kleinsten täglich in einem anderen Kurs tummeln. Wir hoffen auf Stimulation und bieten eine Kindheit im Autositz. Die Mütterbeschäftigungsindustrie redet uns ein, dass es ohne sie nicht geht: ein Heer von Hebammen, Krankengymnasten, unterbeschäftigten Übersetzern, selbsternannten Sport-, Sprach-, Mal- und Musiklehrern, Sozialarbeitern mit Sendungsbewusstsein und freien Kapazitäten. Aber Mütter aufgepasst, das alles funktioniert nur, wenn wir sie lassen!

KAPITEL 3

Die Besser-Mütter-Bücher

WIE IMMER MEHR RATGEBER FÜR IMMER MEHR UNSICHERHEIT SORGEN

In der Berliner Großbuchhandlung Dussmann füllt die Babyliteratur insgesamt neun Regalreihen. Das Geschäft, das sich »Kulturkaufhaus« nennt, bietet nicht nur Ratgeber für Mütter und Väter, sondern sogar solche, die sich speziell an Großmütter wenden. Es gibt alles von A wie Ayurveda für Kleinkinder bis Z wie Zwillingsgeburt.

Zwar werden in Deutschland jedes Jahr weniger Kinder geboren, doch gleichzeitig wächst das Angebot an Büchern mit Anleitung für deren Aufzucht und Pflege. Das fängt schon in der Schwangerschaft an. Gibt man den Begriff »schwanger« bei Amazon ein, kann man unter 131 Titeln wählen. Da sind die Allround-Ratgeber, die auf 200 und mehr Seiten darlegen, warum werdende Mütter besser auf Zigaretten verzichten, was man in den Klinikkoffer packt und wie man sich sonst auf das große Ereignis vorbereitet. Daneben gibt es Bücher für speziellere Bedürfnisse: *Schwanger mit 17* oder auch *Schwanger ab 35*, solche für Fortgeschrittene: *Wenn das zweite Kind kommt* und, für all die, die noch ganz am Anfang stehen, das Rat-und-Tat-Buch *Kinderwunsch.*

Und ist das Wunschkind endlich da, benötigt man natürlich erst recht Beratung, zum Beispiel bei der Namenswahl: *Vornamen von beliebt bis ausgefallen*, *Der perfekte Vornamen für mein Baby* und *Alte Vornamen neu entdeckt*.

Schier endlos ist die Liste der Bücher, die mit schmeichelnden Titeln und niedlichen Kinderbildern zum Kauf verlocken, zum Beispiel *Babys schönste Pflegespiele: Baden, Wickeln, Cremen, Verwöhnen* oder auch *Baby Wellness: Alles was Babys zum Wohlfühlen brauchen*. In diesem aufwendigen Bildband finden Mütter Tipps für den Säuglingssport ab dem vierten Monat.

Gleichzeitig ist jede Übung so ausführlich beschrieben, als müsse man Blinden die Grundlagen des klassischen Balletts vermitteln: »Beugen und strecken Sie beide Beine ganz sanft – das unterstützt die spontanen Strampelbewegungen. 10- bis 20-mal wiederholen« oder auch »Klatschen Sie zärtlich beide Fußsohlen aneinander – das dehnt die Muskeln der Beine. Sechsmal wiederholen.« Außerdem beschreibt das Buch auch, wie man sein Kind in »36 bis 37 Grad warmem Wasser« badet, danach in ein »vorgewärmtes Badelaken« hüllt und sodann mit diversen Ölen salbt. »Rollen und streichen Sie jeden einzelnen kleinen Finger zart zwischen Ihrem Daumen und Zeigefinger. Pro Finger zweimal wiederholen.« Noch irgendwelche Unklarheiten? Kein Problem! Denn zum Glück gibt es zahllose weitere Titel, die sich ausschließlich auf die Babymassage konzentrieren. Je nach persönlicher Präferenz bieten sie Eltern eine Einführung in die verschiedensten Streicheltechniken von »sanft« über »harmonisch« bis »indisch«.

Angesichts des großen Angebots an Besser-Mütter-Büchern stellt sich nicht mehr die Frage, ob man in den Stillpausen auch zu Zeitungen, Romanen und anderer Erwachsenenlektüre greifen oder einfach mal die Füße zum Nichtstun hochlegen darf. Merke: Eine gute Mutter ist ständig im Dienst und stets auf Fortbildung bedacht. Sie will die Kinderpflege bis zum kleinsten Handgriff perfektionieren!

Der Still-Drill

Besonders umfangreich ist das Ratgeberangebot rund um das Thema Muttermilch. Hier gibt es unter anderem *Das kleine Stillbuch, Das besondere Stillbuch für frühgeborene Babys, Das Stillbuch mit neuer Rechtschreibung* und natürlich auch *Das Stillbuch* im Original. Die Mutter aller Muttermilchfibeln wurde 1980 von Hannah Lothrop verfasst und markierte eine entscheidende Wende. Denn in den Jahrzehnten davor war Stillen denkbar out. Dank der weltweiten Marketingkampagnen von *Nestlé* & Co. fand die industrielle Säuglingsnahrung großen Anklang – auch in Deutschland. In den Kliniken wurden die Kinder damals mit kostenlosen Proben der Hersteller regelrecht angefüttert. Auch die Kinderschwestern fanden es praktischer, die Säuglinge im Schichtbetrieb zu versorgen, als sie einzeln ans Bett der Mütter zu tragen. Mitte der Siebzigerjahre erreichte die Flaschenbegeisterung so ihren Höhepunkt.

Dass dies heute anders ist, ist vor allem Hannah Lothrop zu verdanken. In ihrem Buch macht sie deutlich, dass Muttermilch das Baby nicht nur besser mit Nährstoffen versorgt, als dies Flaschenkost kann, sondern auch dessen Immunsystem stärkt. Sie zitiert Studien, wonach Stillkinder als Erwachsene seltener Übergewicht, gesündere Herzen und weniger Allergien haben als Flaschenbabys. Und auch die Mütter selbst profitieren. Denn die Stillhormone fördern die Rückbildung. Wer früh gebärt und lange stillt, senkt gleichzeitig das Risiko, an Brustkrebs zu erkranken. Selbst auf entlegenere Partien des mütterlichen Körpers scheint sich das alles vorteilhaft auszuwirken. So haben Wissenschaftler inzwischen herausgefunden, dass Frauen, die ihren Kindern lange die Brust gaben, deutlich seltener an Arthritis, Osteoporose und Diabetes erkranken.

Die Autorin war nicht die Einzige, die sich fürs Stillen einsetzte. In katholischen Krankenhäusern etwa taten zu dieser Zeit noch Nonnen Dienst, die die Muttermilch als Gottesgabe priesen. Und gleichzeitig wurden in deutschen Großstädten Ende der Siebzigerjahre auch schon die ersten Still-Schwester-Logen der internationalen La-Leche-Liga gegründet. Dennoch gebührt das Hauptverdienst für die Renaissance der Muttermilch in Deutschland wohl Hannah Lothrop. Die Psychologin erspürte den Zeitgeist und erreichte mit ihrem Buch die Frauen zu Tausenden – in Stadt und Land, egal ob gläubig oder nicht gläubig.

Auf fast vierhundert Seiten gibt sie detaillierte Anleitungen, wie man mit Kaiserschnitt, Mehrlingsgeburt und selbst nach Brustkrebs noch stillen kann. Und nicht einmal ein Adoptivkind soll nach Ansicht der Autorin auf Muttermilch verzichten müssen. Ausführlich beschreibt sie Massagegriffe und andere Kniffe, die den Milchfluss angeblich auch ohne stimulierende Schwangerschaftshormone in Gang bringen.

So wurde *Das Stillbuch* einer der Bestseller auf dem Müttermarkt. Über eine Million Exemplare hat der Kösel Verlag inzwischen verkauft. »Standardwerk« nennt der Verlag sein Stillbuch stolz, und das ist insofern nicht übertrieben, als die Stillfibel auch heute, fast dreißig Jahre nach Erscheinen, unvermindert nachgefragt wird. Die Autorin hat ihr Ziel erreicht und Deutschlands Mütter gründlich bekehrt.

Schon im Geburtsvorbereitungskurs wird das Buch diskutiert, später in der Stillgruppe in allen Zweifelsfällen zitiert und dabei gern der vertrauliche Ton und der betuliche Imperativ des Buchs imitiert: »Je häufiger du stillst, desto mehr Milch wird gebildet«, »Füttere bitte nicht zu!«, »Stille häufiger und nach spätestens 48 Stunden reicht es wieder«, predigt Hannah Lothrop in ihrem Buch wiederholt.

Sie ist fest davon überzeugt, dass alle Frauen stillen können, wenn sie nur wollen. Sie ist ausgezogen, um Mütter und Kinder aus den Fängen der Kunstmilchmafia zu retten. Und dabei scheut sie sich auch nicht, ihre Glaubenssätze so penetrant zu wiederholen wie die Industrie ihre Werbeslogans.

Doch zuweilen grenzt ihre Vehemenz an ideologische Verbohrtheit. Sie ignoriert dabei nämlich völlig die Tatsache, dass manche Brust schlicht nicht genug Milch produziert. Diese Möglichkeit erscheint ihr so ungeheuerlich, dass sie sie überhaupt nur in der Möglichkeitsform erwähnt: »Nur ein verschwindend kleiner Anteil von Frauen *scheint* aus körperlichen oder seelischen Gründen nicht stillen zu können.«

Das ist natürlich etwas untertrieben, denn anderen Experten zufolge kommt dies bei bis zu fünf Prozent der Mütter vor. Und wenn man sich vor Augen führt, dass es vermutlich gerade diese Frauen sind, die in einem solchen Ratgeber Antwort auf ihre Fragen suchen, ahnt man, dass Hannah Lothrop mit ihrem Buch eben nicht nur Aufklärung betrieben, sondern auch für reichlich Verwirrung, wenn nicht gar Verzweiflung gesorgt hat. Was tut frau, wenn sie trotz »Kartoffelwickel«, »Quarkkompresse« und dem Umschlag aus »gepulvertem Bockshornkleesamen« unter entzündeten Brüsten leidet, wenn auch nach vielfachem Anlegen und der »Erweckungsmassage« kaum Milch fließt und das Baby tagelang vor Hunger brüllt?

Frauen, die nicht stillen können, existieren schlichtweg nicht in der Welt der Autorin. Und so bleibt es dann meist dem Kinderarzt überlassen, die Notbremse zu ziehen, wenn ein Baby trotz wochenlanger Stillversuche eher ab- als zunimmt.

Mit missionarischem Eifer kämpft Hannah Lothrop gegen alles, was Frauen vom rechten Weg abbringen könnte. Schon zufüttern (»Zwiemilchernährung«) ist in ihren Augen Teufelswerk, das alsbald zum vollständigen Versiegen der Muttermilch führt. Das mag in manchen Fällen so sein – und doch gerechtfertigt, wenn das Kind sonst Hunger leidet. In anderen Fällen haben Frauen monatelang erst Brust und dann Flasche gegeben. Die Flasche kann nämlich auch helfen, Druck von der Mutter zu nehmen und dadurch das Stillen sogar stabilisieren.

Doch seit ein »vollgestilltes« Kind das Maß aller Dinge ist, geben die betroffenen Frauen das nicht gerne zu. Sie wissen, von ihren Mitmüttern müssten sie sich dafür refrainartig Lothropsche Ermahnungen wie »Saugverwirrung« anhören.

Hat sich in einer Familie ein Baby eingestellt, fragen Freundinnen, Bekannte und selbst die Nachbarinnen beim Einkauf nicht mehr »Wie geht's?«, sondern »Wie klappt's mit der Milch?«. Und weil das so ist, protzen Frauen in Sachen Stillen inzwischen fast so wie Männer beim Thema Potenz. In der Mutter-Kind-Gruppe sind Erfolgsmeldungen von der Ernährungsfront gefragt. Da werden die abgepumpten Milchüberschüsse im heimischen Eisfach verglichen, die kindlichen Speckröllchen vorgeführt und regelmäßig Kiloangaben ausgetauscht – eine Leistungsschau fast wie bei der Grünen Woche.

Auch die Länge der Stillzeit spielt im Mütterwettbewerb eine wichtige Rolle. Wehe, wenn eine zu früh lockerlässt! Hannah Lothrop schildert in ihrem Stillbuch seitenweise Beispiele von Müttern, die ihren Kindern bis weit über die Zeit des Laufenlernens hinaus die Brust geben. Dass die besonderen Vorteile der Muttermilch nach dem ersten halben Jahr sowieso allmählich nachlassen, blendet die Autorin aus. Die Mütter in ihrem Buch stillen idealerweise erst nach eineinhalb oder zwei Jahren ab. Und das tun sie auch nur schweren Herzens, zum Beispiel, weil sie Arzneien nehmen müssen.

Frauen, die zum Fläschchen greifen, weil sie wieder arbeiten gehen wollen, werden in diesem Zusammenhang nicht erwähnt. Zum Glück! Man ahnt, die Rabenmütter kämen nicht gut weg!

Jedes Kind kann schlafen lernen – nur meines nicht

Fast ebenso wichtig wie das Stillen ist das Thema Schlafen. Auch hier herrscht eifriger Wettstreit unter jungen Eltern, und die Frage »Schläft deiner schon durch?« hat höchste Priorität. Obwohl sich der Tag-Nacht-Rhythmus in der Regel von selbst einspielt, sobald das Kind tagsüber genug Licht – und Nahrung – bekommt, gilt das Durchschlafen als erste erzieherische Herausforderung. So kommt es, dass auch hier an Ratgebern kein Mangel herrscht. In epischer Breite wird in diesen Büchern diskutiert, wo und wie viel ein Kind zu schlafen hat, welche Einschlafrituale am besten wirken, und ab wann man von »Durchschlafen« sprechen kann.

Das wohl bekannteste Buch dieser Art heißt *Jedes Kind kann schlafen lernen*, unter Eltern kurz »die Einschlafbibel« genannt. Geschrieben wurde der Ratgeber für Ein- und Durchschlaffragen von der Kinderpsychologin Annette Kast-Zahn – die mit ihren drei Sprösslingen offenbar einschneidende Erfahrungen gemacht hat – und dem Kinderarzt der Familie, Hartmut Morgenroth.

Die Grundregeln des Buchs sind leicht zusammenzufassen. Danach müssen Kinder, um »gute Schläfer« zu werden, jeden Tag zu festen Zeiten ins Bett – und zwar allein. Das heißt, die Eltern begleiten ihr Kind zwar bis zur Bettkante und dürfen vielleicht auch noch ein Gutenachtlied singen, müssen es dann aber wach in seinem Zimmer zurücklassen. Nach Meinung des Autorenduos werden Kinder, die ja nachts immer wieder mal aufwachen, nur dann problemlos wieder in den Schlaf finden, wenn sie daran gewöhnt sind, dies ohne elterliche Unterstützung zu tun.

Was in der Theorie einfach klingt, gestaltet sich in der Praxis oft schwieriger. Denn meistens protestieren die Kinder lautstark, sobald Mutter und Vater die Tür hinter sich schließen. Das müssen Kinder – und Eltern – dann aushalten. Zwar sollen sie die Kleinen nicht unbegrenzt schreien lassen, wie man das früher »zur Kräftigung der Lungen« empfahl. Doch zehn Minuten müssen sie schon warten, bevor sie es kurz trösten, aber auf keinen Fall hochnehmen – und wieder verschwinden. Das kann sich viele Male wiederholen und auch durchaus zum abendfüllenden Programm werden, bevor die auf zwei Wochen veranschlagte Gewöhnungsphase vorbei ist.

Dabei ist allerdings nicht einkalkuliert, dass die ganze Prozedur von Neuem beginnt, wenn Kinder bedingt durch Erkältungen, Zahnungs- und andere Beschwerden vorübergehend mehr nächtliche Zuwendung brauchen. Bei Krankheiten erlauben zwar selbst die gestrengen Autoren eine Ausnahme – aber sie unterschlagen die Konsequenzen. Doch wer weiß, wie oft kleine Kinder angeschlagen sind, ahnt, dass das Durchschlaftraining leicht zur Dauerdressurübung werden kann.

Dazu kommt, dass viele andere Leiden, die die Kleinen um den Schlaf bringen, für normale Mütter und Väter nicht so leicht zu erkennen sind, wie es den beiden Ärzten erscheinen mag. »Eltern können das klägliche Weinen und Schreien wegen starker Schmerzen in der Regel recht gut von Wut- und Protestgeschrei unterscheiden«, schreiben sie. Und vermutlich wissen sie gar nicht, wie viele Eltern sich daraufhin in Härte übten, um am nächsten Morgen neue Zähne oder Windeln voller Durchfall vorzufinden. Tückisch sind auch Mittelohrentzündungen, eine bei Kleinkindern häufige, schmerzhafte Erkrankung, die sich oft nur dadurch äußert, dass sich die kleinen Patienten partout nicht aufs Ohr legen wollen ... Mit anderen Worten, das Durchschlaftraining ist eine Herausforderung für das elterliche Gewissen.

So kommt es, dass andere Autoren die Methode in abgemilderter Version präsentieren. Zum Beispiel der Kinderpsychologe Ulrich Rabenschlag, der das Buch *So finden Kinder ihren Schlaf* schrieb. Bei ihm sind die Wartezeiten kürzer und die Stippvisiten im Kinderzimmer umgekehrt länger. Die Methode gilt auch deshalb als sanfter, weil sie das Training erst für Kinder ab einem Jahr empfiehlt, während die Einschlafbibel rät, Kinder spätestens nach dem sechsten Lebensmonat aufs Alleinschlafen zu trimmen.

Die Ratschläge ähneln sich, denn sie basieren auf derselben Methode. Diese wurde von einem amerikanischen Professor namens Richard Ferber erfunden und 1985 aufgeschrieben. Das Buch *Solve your Child's Sleep Problems* ist in den USA inzwischen so bekannt, dass Eltern bis zu vier Monate Wartezeit in Kauf nehmen, um einen Termin in dem Bostoner Krankenhaus zu bekommen, in dem der

Autor sein Kinderschlafzentrum betreibt. Darüber hinaus hat der Name des Arztes inzwischen sogar als Verb Eingang in den Wortschatz gefunden. *To ferberize a child* heißt im amerikanischen Sprachgebrauch so viel wie »ein Kind durch Schreien zum Schlafen zu bringen«.

Das klingt brutal, und entsprechend hat die Methode neben euphorischem Zuspruch auch schon viel Kritik auf sich gezogen. Einer der vehementesten Gegner ist der amerikanische Kinderarzt William Sears. »Würden Sie lieber weinend allein in einem dunklen Zimmer oder friedlich im Arm Ihrer Liebsten einschlafen?«, fragt er provokant. In seinem Buch *Schlafen und Wachen* warnt er Eltern davor, sich und ihr Kind durch zu hohe Erwartungen zu überfordern. Er hält es für unrealistisch, dass schon Säuglinge die ganze Nacht am Stück schlummern. Seiner Definition nach darf man bereits von »Durchschlafen« sprechen, wenn das Baby zwischen Mitternacht und fünf Uhr nicht aufwacht.

Der Amerikaner ist nicht der Einzige, der warnend seine Stimme erhebt. Auch hierzulande polarisiert die Methode. Die Einschlafbibel hat ihre Jünger, die das Buch nutzen und in ihrem Bekanntenkreis schon mit der positiv stimmenden Ankündigung »Ihr werdet es noch brauchen können!« als Begrüßungsgabe verschenken. Und dann sind da umgekehrt die Eltern, die die Methode vehement ablehnen und den Titel *Jedes Kind kann schlafen lernen* zu »Jedes Kind kann *schreien* lernen« verballhornen.

Und natürlich gibt es auch hierzulande Autoren, die das Buch kritisieren und bei dieser Gelegenheit eigene Einschlafmethoden propagieren.

Zu dieser Gruppe zählt zum Beispiel Eva Herman. Die gelernte Hotelkauffrau Herman, dem Fernsehpublikum vor allem als langjährige Tagesschau-Sprecherin bekannt, schreibt, seit sie Mutter ist, auch Ratgeber zu verschiedenen Erziehungs- und Lebensfragen. Dabei zeigt sie durchaus Gespür für Themen, die den Frauenmarkt bewegen, so auch bei *Mein Kind schläft durch*. In diesem Buch, das zusammen mit dem Psychologen Stephan Valentin entstand, erläutert sie vieles über Schlafbedarf und -gewohnheiten, was man vorher auch schon an anderer Stelle gelesen hat. Ihre Ratschläge allerdings unterscheiden sich von allen auf Ferber basierenden Methoden. Statt des kurzen Einschlafrituals rät Herman zu einer halben Stunde Spiel und Gesang, danach sollen die Eltern mindestens bis zum Einschlafen anwesend sein, besser noch ganz bei ihrem Kind liegen bleiben. Während andere Experten eher davon abraten, Kinder ans Elternbett zu gewöhnen, preist sie »Co-Sleeping« auch während der Nacht als eine bei allen Naturvölkern erprobte Schlafvariante. Schmusetiere, Schlummertücher und andere sogenannte Übergangsobjekte, die gemeinhin als Bettgenossen empfohlen werden, hält Herman dagegen für eher überflüssig: »Wo die Mutter beim Einschlafen präsent ist, wird der Schlafhelfer oftmals nebensächlich.« Und vor allem macht sie deutlich, dass man sein Kind unter keinen Umständen weinen lassen soll. »Es schreit niemals aus Vergnügen oder um Sie zu ärgern, sondern weil ihm etwas fehlt«, hämmert sie den Eltern ein. Und erteilt den Autoren der Einschlafbibel abschließend noch eine schallende Ohrfeige: »Es bleibt die Frage offen, ob das Kind gelernt hat, sicher einzuschlafen oder, dass niemand kommen wird, um es zu trösten, und dass es nicht hilft zu schreien?«

Vielen Lesern mag sie aus dem Herzen sprechen, denn wer lässt sein Kind schon gern weinen. Allerdings mögen sich viele auch fragen, wie man es als Mutter schaffen soll, mehrfach täglich das ganz große Einschlafritual zu zelebrieren.

Sicher haben sich auch einige Leser gewundert, wie eine Nachrichtensprecherin, die täglich live im Fernsehen zu sehen war, all das bei ihrem eigenen Sohn verwirklichen konnte.

Als Herman dann weitere Bücher schrieb, wurde der Widerspruch schließlich übermächtig. Denn in *Das Eva-Prinzip* und *Das Prinzip Arche Noah* erhöht die Autorin ihre Anforderungen sogar noch. Frauen sollten nicht nur den Schlaf ihrer Kinder hüten, sondern gefälligst auch das Haus heimelig machen. Karriere dagegen müsse nicht sein. Mütter, so fordert die Mutter und Karrierefrau forsch, sollten lieber darauf verzichten. Als sie wenig später auch noch die familienpolitischen Werte der Nazis lobte, entband der NDR sie aller Pflichten. Nun hat Herman also reichlich Zeit für Häuslichkeit rund um die Uhr. Ihr Sohn ist inzwischen allerdings längst im Schulalter.

Für die meisten anderen berufstätigen Frauen dürfte das keine Option sein. Die wenigsten wollen ihren Job aufgeben, um ihr Kind bis zum Abitur in den Schlaf zu wiegen.

Andererseits ist auch die Einschlafbibel gerade für berufstätige Eltern oft keine akzeptable Alternative. Wer möchte sich schon die gemeinsamen Stunden durch Schreiübungen vergällen.

Und so werden die Eltern weiter die Buchläden durchstöbern.

Sie werden je nach Sortiment fünfzehn, zwanzig oder fünfundzwanzig Ratgeber finden – und Varianten vom Co-Sleeping im Familienbett, übers Händchenhalten beim Einschlafen bis hin zu den Ferberschen Isolationsmethoden. Die meisten Experten empfehlen, schon vor dem Einschlafen langsam Stille einkehren zu lassen, andere jedoch meinen, nur durch Toben und Kitzeln sei der kleine Racker abends bettreif zu machen. Es gibt Bücher, die sich für Kuscheltiere oder gegen Schnuller aussprechen und umgekehrt. Die einen raten zu kleineren Betten und schwereren Decken, weil die angeblich auf beruhigende Weise die Enge des mütterlichen Bauchs imitieren. Die anderen warnen dringlich vor dem Ersticken und wollen neben dem Schlafsäckchen nicht einmal eine Bettumrandung akzeptieren.

Einig sind sich die Ratgeber nur darin, dass Kinder Regelmäßigkeit und Rituale brauchen. Worin die bestehen, was da allabendlich zur gleichen Zeit zu geschehen hat, darüber herrscht größtmögliche Uneinigkeit.

Was also lernen Eltern aus alledem? Wenn sie Glück haben, begreifen sie ob der Vielfalt, dass auch die Experten kein Allheilmittel parat haben. Es gibt keinen geheimen Sandmännchentrick, der Kindern auf Kommando die Augen zufallen lässt. Es gibt hunderte Arten, den abendlichen Abschied zu gestalten. Man muss eine Methode finden, die in die Familie passt und sie dann konsequent beibehalten.

Viele werden sich dann an die Lieder erinnern, die schon ihre Eltern für sie gesungen haben. Vielleicht werden sie ihre alte Spieluhr ausgraben und ein kleines Nachtlicht im Kinderzimmer installieren oder als ultimative Waffe gegen nächtliche Schreckgespenster eine Bügelspritze unter dem Bett deponieren.

An dieser Stelle werden sie sich vermutlich ärgern, dass sie erst so viel lesen mussten, nur um schließlich doch die alten Tricks wieder auszugraben. Und wenn das Kind dann endlich einen Kindergartenplatz hat und abends todmüde ins Bett fällt, werden sie sich über jede gemeinsame Abendstunde freuen und vergessen, dass es jemals Einschlafprobleme gab.

Wie kommt es, dass uns Themen wie das Durchschlafen überhaupt plötzlich so beschäftigen? Gerade haben die Mütter gelernt, sich beim Thema »Sauberkeitserziehung« zu entspannen, da wird nach der Verdauung die nächste Körperfunktion zum Gegenstand elterlicher Ambitionen. Sicher, wir alle brauchen unseren Schlaf, die meisten müssen morgens fit sein, egal ob für Firma oder Familie. Doch früher war das wenig anders, der Tag begann mit dem ersten Hahnenschrei und endete nach Sonnenuntergang. Dazwischen lagen tausend Pflichten. Auf engstem Raum mussten damals meist sogar mehrere kleine Schläfer ins Programm integriert werden. Damals trug man die Augenringe mit Fassung, wenn das Kind krank war und verließ sich ansonsten auf das, was Oma Frieda empfahl und Tante Henriette mit Erfolg praktizierte.

Eigentlich müsste sich die Situation merklich entspannt

haben, seit der Trend zur Ein-Kind-Familie und zum Einfa-
milienhaus geht. Doch das Gegenteil scheint der Fall. Psychologen, Pädiater und Pädagogen wetteifern mit Ratschlägen, und am Ende steht nicht selten sogar die Verordnung
von Beruhigungsmitteln. Was hat sich verändert? Ist uns
die Verbesserung unserer Lebensumstände so schlecht bekommen? In der Tat tut dem Körper nicht alles gut, was
auf den ersten Blick Komfort verspricht. Sicher ist es an-
genehmer, mit Zentralheizung, fließend Wasser und Mittel-
klassewagen aufzuwachsen, andererseits fehlt den Kindern
dafür heute häufig etwas, was die Grundvoraussetzung für
gutes Schlafen ist, nämlich die Bewegung an frischer Luft.
Man sollte sich die Zeit nicht zurückwünschen, in der es die
Arbeit der Söhne und Töchter war, Feuerholz für die Familie zu sammeln und Wasser vom Brunnen herbeizuschlep-
pen. Aber ein wenig mehr körperliche Betätigung und Sauerstoff dürften es schon sein.

Zwischen den beiden Extremen von heute und damals
gab es eine Zeit, in der Mütter ihren Kindern nachmittags
mit dem Satz »Geh draußen spielen!« die Tür wiesen. Babys
wurden im Kinderwagen verpackt zum Mittagsschlaf auf
den Balkon geschoben. Beides speiste sich nicht nur aus
der Notwendigkeit, bis zum Abend mangeln, bügeln und
kochen zu müssen, sondern auch aus der Erkenntnis, dass
frische Luft Kindern guttut.

Heute würde niemand mehr sein Kind unbeaufsichtigt
draußen spielen lassen, was sicher zum Teil mit der Zunahme des Straßenverkehrs zusammenhängt. Trotzdem wäre
selbst ein Baby auf dem Balkon – dem nachweislich kein

Auto in die Quere kommen kann – inzwischen fast ein Fall für den Kinderschutzbund.

Das heißt, nicht nur die Gefahren sind gewachsen, sondern gleichzeitig auch unsere Wahrnehmung von Risiko. Je mehr Entlastung die Frauen durch Vollwaschautomaten, Mikrowellenherde und Kühlkombinationen erfuhren, desto höher wurden die Ansprüche, die man an sie als Hüterin der Kinder stellt.

Anleitung zum Unmütterlichsein

Viele neigen dazu, die alten Zeiten an der falschen Stelle zu verklären. Sie denken, früher war die Kindheit nicht so gefährlich. Ein Irrglaube, wie Andrea Bischoff in ihrem *Lexikon der Erziehungsirrtümer* darlegt. »Vor einigen Jahrzehnten spielten Kinder noch auf Baustellen, in Ruinen, in Wäldern und auf der Straße. Die Redewendung ›verletzte Aufsichtspflicht‹ war etwas für Juristen und kam im Alltag nicht vor. Heute gibt es Tempo-30-Zonen und Spielstraßen, überall Fußgängerampeln. Bedenkliche Chemikalien wurden verboten, Baustellen abgeriegelt, und sogar die Zahl der Kindermorde ist (obwohl manche Medien den gegenteiligen Eindruck erwecken) deutlich gesunken. Dennoch wurden Kinder noch nie so lückenlos überwacht wie heute.« Das, so mutmaßt die Autorin, »liegt vielleicht auch daran, dass sich immer mehr Erwachsene um immer weniger Kinder kümmern«.

Und dankenswerterweise räumt sie an dieser Stelle gleich

noch mit einem weiteren Irrtum auf, nämlich der Idee, dass Eltern gar nicht genug aufpassen können: »Viele machen sich verrückt und überbehüten ihre Kinder. Einige lassen ihrem Nachwuchs kaum noch die Möglichkeit, unbeaufsichtigt mit Gleichaltrigen zu spielen. In ihrem Drang, zu klettern, zu balancieren und zu toben, werden vor allem Stadtkinder oft so stark ausgebremst, dass sie sich nur wenig zutrauen.« Und das, so warnt die Autorin, »führt dann erst recht dazu, dass sie sich ungeschickt anstellen und verletzen«.

Eigentlich könnten wir modernen Frauen aufatmen. Der technische Fortschritt entlastet uns von vielen Mühen des Alltags. Die Medizin bietet Tests, Therapien und Impfungen, die gewährleisten, dass unsere Kinder ihre Kindheit mit hoher Wahrscheinlichkeit überleben. Wir brauchen unsere Söhne und Töchter nicht als billige Arbeitskräfte oder persönliche Altersversorgung, sondern bekommen sie um ihrer selbst willen. Und wir können wählen, ob und wann wir Mütter werden wollen.

Doch die Freiheit hat ihren Preis. Früher dachten wohl die wenigsten über Verantwortung nach. Man bekam Kinder, so wie man aß, trank, schlief und starb. Doch obwohl das Kinderkriegen leichter und das Leben sicherer geworden ist, empfinden viele die Mutterschaft als Last. Denn es gibt einen Drang zur Perfektion, der die kleinsten Handgriffe des täglichen Lebens erfasst. Statt die Zeit mit dem Baby zu genießen, wälzen wir als Wöchnerinnen Wellness-Ratgeber, die uns vorschreiben wollen, wie und wie oft wir die kleinen Patschfinger streicheln sollen. Wir lernen, schon im Strampelalter Sportstunden zu erteilen. Wir machen aus dem Stillen einen Kult und aus dem Durchschlafen eine Religion. Früher war Muttermilch überlebenswichtig, heute gibt es für den Notfall auch andere Nahrung. Wie kommt es, dass ausgerechnet jetzt Bücher Bestseller werden, die die Leistung von Müttern in Millilitern bemessen? Früher teilten sich zehnköpfige Familien eine Schlafkammer, heute beherbergen Einfamilienhäuser zumeist Ein-Kind-Familien. Und doch füllen die Tipps für die nächtliche Ruhe inzwischen bändeweise die Bücherregale. Früher waren junge Mütter und Väter morgens manchmal müde, heute haben sie – wenn ihr Kind nachts aufwacht – auch als Eltern versagt. Durchschlafen wird zum Erziehungsziel erklärt und alles andere pathologisiert.

Wäre es nicht an der Zeit, einen Gang zurückzuschalten?

Selbst die Zeitschrift *Eltern*, in Erziehungsfragen sonst stets um Optimierung bemüht, scheint dieser Ansicht zuzuneigen. So kritisierte sie vor einiger Zeit die »Über-Pädagogik« der aktuellen Elterngeneration. Das Magazin diagnostizierte ein *Obsessive Overparenting Syndrome*, auf gut Deutsch einen »Überbemutterungswahn«.

»Kinder«, so heißt es in dem Artikel, »sind längst nicht mehr einfach nur Kinder, sondern besondere kleine Wesen, die in jeder wachen Minute angeregt und bereichert werden müssen. Wehe, sie leben nur fröhlich vor sich hin und werden nicht pausenlos beobachtet, begleitet und beklatscht.« Mit weitreichenden Auswirkungen für die ganze Familie, so warnt das Magazin: Die Folge sei »ein Heer von neurotischen, ausgebrannten Müttern kurz vor dem Nervenzusammenbruch und ohne eine Sekunde Zeit für sich selbst.« Und auch der Nachwuchs habe wenig davon. »Im Gegenteil: Die Neurose wird nach unten durchgereicht.«

Doch was können Eltern tun, um all das zu verhindern? Und vor allem, wie können sie erkennen, ob sie in Gefahr sind?

Laut *Eltern* gibt es einige untrügliche Symptome für das Übermuttersyndrom: »Sie kennen den IQ Ihres Kindes, obwohl es keinerlei Grund gibt, an seiner Intelligenz zu zweifeln. Sie kaufen nur Spielzeuge und Kinderbücher, die einen Lerneffekt versprechen. Sie haben stets ein schlechtes Gewissen, wenn Sie kein naturbelassenes Öko-Essen oder -Spielzeug anbieten. Ihre Kinder langweilen sich sofort, wenn ihnen kein anspruchsvolles Programm geboten wird und sie sich mit sich selbst beschäftigen sollen ...«

Die Symptome sind zu zahlreich, um sie an dieser Stelle alle aufzuzählen, das Thema Über-Mütter wird ausführlicher im nächsten Kapitel behandelt. Ein Punkt scheint den Experten von *Eltern* aber auf besonders auffällige Deformationen der elterlichen Psyche hinzudeuten, weshalb sie ihn ganz an den Anfang ihrer Liste und wir ihn ganz ans Ende dieses Kapitels stellen: »Sie haben mehr als fünf Erziehungsratgeber im Bücherregal stehen.«

KAPITEL 4

Die Super-Nannys aus der Nachbarschaft

WIE MÜTTER MÜTTERN EIN SCHLECHTES GEWISSEN MACHEN

Guter Rat auf allen Kanälen

Seit einiger Zeit gibt es im Fernsehen eine Sendung mit Erziehungstipps. Jeden Mittwoch löst *Super Nanny* Katharina Saalfrank auf RTL einen neuen Fall. Bruder haut Schwester? Vater schlägt Kind? Mutter im Dauerzoff mit der Teenie-Tochter? Kein Problem. Die Nanny zieht für ein paar Tage ein, und danach läuft alles wieder rund. Denn die Diplompädagogin, die neben den Fernsehrabauken auch vier eigene Söhne erzieht, hat für alles klare Regeln. Kinder dürfen nicht hauen, treten, boxen. Sie sollen beim Essen still sitzen und auf ihre Eltern hören. Diese dürfen umgekehrt nicht schlagen oder schreien, sondern müssen ihren Standpunkt aus der Kniehocke (»Augenhöhe!«) deutlich machen. Damit das alle verstehen, werden die Regeln an die Wand gehängt. Wer dann immer noch meckert und stört, wird notfalls ins Nebenzimmer verfrachtet. So einfach ist das. Und so erfolgreich. Fünf Millionen Menschen begleiteten den Start im Jahr 2004, und weil die Sendung so gut lief, wurden gleich mehrere Staffeln nachgeschoben.

Der Kinderschutzbund und andere Sozialverbände protestierten. Hier würden Kinder bloß- und Elternnöte zur Schau gestellt. Der Sender RTL dagegen reklamiert hehre Ziele, will den Filmfamilien »Hilfestellung« und auch »Lösungsansätze« für alle Zuschauer bieten.

Die Frage ist nur, kommen die Ratschläge wirklich da an, wo sie gebraucht werden? Oder warum häufen sich die Schlagzeilen von vernachlässigten und zu Tode geprügelten Kindern? Die echten Problemfamilien erreicht das Pädagogikfernsehen offenbar nicht. Diskutiert wird die Sendung vorwiegend im gutbürgerlichen Muttermilieu. Doch da herrscht an Ratschlägen kein Mangel.

Wildfremde alte Damen beugen sich über den Wagen, wenn das Kleine weint. »Hat es denn sein Bäuerchen gemacht?«, fragen sie besorgt und empfehlen Kümmel gegen Koliken – selbst wenn das Kind gerade zahnt. Bei Ostwind nesteln sie ungefragt am Verdeck: »Ist es auch gut eingepackt?« Noch im Hochsommer wird der Mutter ein Mützchen empfohlen.

Brüllt das Kleine später beim Friseur, fällt die Reaktion der Umwelt schon weniger mitfühlend aus. Trotzphase hin oder her: »Ich hätte meinen Kindern das früher nicht durchgehen lassen.«

Mutterschaft macht einsam. Nicht im eigentlichen Sinn natürlich. Denn da ist ja dieses kleine, knuddelige Wesen, das wir neun Monate im Bauch und danach auf Händen tragen. Tag und Nacht hält es uns in Atem. Wir werden tausend Lieder gesungen, tausend Reime gereimt, tausend Kosenamen erfunden haben, bevor es seinen ersten ganzen Satz sagt. Und wir werden in Gedanken bei ihm sein, wenn es längst aus dem Haus ist. Mehr Nähe geht nicht.

Trotzdem macht Mutterschaft einsam.

Hunger? Bauchschmerzen? Zahnbeschwerden? Wie gern würden wir das kleine Menschlein fragen, was ihm wirklich fehlt. Stattdessen reden Fremde zu uns. Früher hatten wir Freundinnen, Bekannte und Kollegen, mit denen wir unsere Sorgen teilten. Doch die sind jetzt irgendwie weit weg.

Die Freundinnen sind entweder kinderlos und viel unterwegs. Oder sie haben mit ihrem Nachwuchs Probleme, an die wir noch nicht zu denken wagen: Töpfchentraining, Schulstress, Pubertätspickel ... Natürlich können wir uns den Mitmüttern aus der Stillgruppe anvertrauen. Die sitzen alle im selben Boot, sie alle kämpfen mit Milchstau, Milchschorf und Möhrenflecken.

Jeden Mittwochmorgen schleppen zwölf Mütter zwölf *Maxi-Cosis* ins Café am Park – das Frühstück zieht sich oft bis zum Mittag hin. Eine Betroffenheitskoalition. Es tut gut, sich mal auszuweinen über Kopfsteinpflaster, enge Straßenbahntüren und andere Kinderwagenfallen. Das geht eine ganze Weile so. Dann werden die Treffen seltener. Ein paar ziehen an den Rand der Stadt, wo es weder Kopfsteinpflaster noch Straßenbahnen gibt. Ein paar müssen zurück ins Büro. Und zwei haben sich über Erziehungsfragen zerstritten. Ratschläge können auch Schläge sein.

Ja, und die Kollegen? Die haben herzlich zur Geburt gratuliert und dem Kind ein kuscheliges Badetuch geschenkt.

Bei der Rückkehr ins Büro gibt es viel über die Arbeit zu berichten. Auch wurden in der Abteilung inzwischen noch andere Kinder geboren. Man tauscht sich aus über die Fortschritte der Kleinen, über die Tricks beim Kampf um einen Kitaplatz und die Vorteile von Kinderfrau versus Tagesmutter. Über die andere Seite des Alltags spricht man lieber nicht: Wenn die Kinderfrau zum Beispiel krank wird, wenn der Kindergarten seinen »Betriebsausflug« ohne Kinder macht oder wenn die städtische Kita christliche Feiertage einführt (Pfingst*dienstag* geschlossen!). In einem solchen Fall organisiert man lieber stillschweigend Ersatz. Schließlich soll niemand denken, Mütter seien nicht verlässlich.

Auch wenn der Kleine einen Wachstumsschub hat und statt durchzuschlafen wieder spätabends und frühmorgens nach Mahlzeiten verlangt, hält man als Mutter besser den Mund und geht mit dem Abdeckstift über die Augenringe. Denn sonst bekommt man mehr Tipps, als man verkraften kann. Die Nachbarin findet, man sei in letzter Zeit reichlich blass und fragt, wie das denn zu schaffen sei, mit Kind und Job. Sie selbst wolle sich ja mit dem Wiedereinstieg Zeit lassen.

Einmal hat man das Problem in der Kantine angesprochen in einer Runde Frauen, die alle selbst Mütter sind. »Nächtliche Mahlzeiten? Um Gottes willen, gewöhn ihm das bloß ab«, sagt die eine. Eine zweite empfiehlt das Buch *Jedes Kind kann schlafen lernen*. Mama schluckt, aber schließlich hatte sie ja gefragt.

Sie meinen es ja gut. Auch die beste Freundin, keine Frage. Als sie neulich abends da war, wurde der Kleine natürlich prompt wieder wach. »Was ist eigentlich mit dem Vater, kann der sich nicht mal kümmern?«, fragte sie bloß. Gaaanz wunder Punkt. Denn dummerweise war Daddy auf Dienstreise. Wieder mal. Als das Kind endlich wieder schlief, schlug sie ein paar gemeinsame Abendunternehmungen vor: zur Erholung für Mama – und für Papa zum Üben.

So hatten wir nun also Erziehungstipps für Vater, Mutter, Kind, aber immer noch keine Lösung des Ernährungsproblems. Zum Glück ging auch dieser Wachstumsschub irgendwann vorüber.

Muttis, vor denen man sich hüten muss

Die Natur-Pur-Mutti

Ernährung ist ein wichtiges Thema, und am Anfang sind sich noch alle Mütter einig: Stillen ist die einzige Option. Doch wehe, es klappt nicht, wie es in den Büchern steht, dann folgen Kommentare wie: »Was, du fütterst Flasche zu? Da wird deine Milch bald ganz wegbleiben.« Oder das Kind kommt umgekehrt zu oft an die Brust: »Drei Stunden Abstand sind das Mindeste, oder willst du den Grundstein für eine Essstörung legen?« Oder die junge Mutter lässt gar den nötigen Ernst bei der Sache vermissen: »Wie, deine Freundin hat abgestillt, um wieder arbeiten zu gehen, was hat die denn für Prioritäten?«

Und nach dem Stillen geht es erst richtig los. Püriert man die Pastinaken mit Liebe von Hand, muss man sich den Hinweis gefallen lassen, dass das Gläschengemüse in Sachen Pestiziden besser abschneidet. Kauft man Gläser, darf man sich umgekehrt Geschichten über kontaminierte Deckel anhören.

Auch die Zubereitung des Breichens will gelernt sein. Griesbrei? Haferflocken? Um Himmels willen. Inzwischen sind Dinkel, Grünkern und Hirse angesagt. Allerdings nicht in den ersten sechs Monaten, da gibt es doch wohl bitte nur Reisschleim. Zöliakie-Alarm in der Mutter-Kind-Gruppe! »Also mit Glutengetreide habe ich überhaupt erst im zweiten Lebensjahr angefangen!«, sagt die eine. Und die andere assistiert mit dem Rezept für einen »quasi mehlfreien« Kindergeburtstagskuchen.

Sie wissen nicht, wie man »Gluten« ausspricht, und Sie haben auch noch nichts von »Zöliakie« gehört? Schwere Bildungslücke! Schließlich reagieren rund vier Prozent aller Kinder allergisch auf diverse Nahrungsmittel. Und die Getreide-Klebereiweiß-Unverträglichkeit, die zu Darmentzündung und Durchfall führt, kommt zwar extrem selten vor, ist aber unter Allergophobikern besonders angesagt.

Sie finden, solange Ihr Kind korrekte Köttel produziert, müssten Sie sich darüber keine Gedanken machen? Weit gefehlt. Das Leiden kann auch im hohen Alter noch auftreten. Und im Übrigen hätte der VHS-Kurs »Allergiearmes Kochen für die Allerkleinsten« – den die Aktiven der Müttergruppe natürlich allesamt absolvierten – auch nützliche Infos zum Thema Neurodermitis, Milch-, Soja- und Nussallergie geboten.

Was aber darf man dem Kind dann überhaupt an Nahrung verabreichen? Früchtejoghurt vielleicht? Strafende Blicke vom gegenüberliegenden Sandkastenrand: »Weißt du eigentlich, wie viel Zucker da drin ist?« Dinkel-Honig-Dinos aus dem Reformhaus? »Honig? Hast du da keine Bedenken wegen der Bakterien? Du weißt schon, wegen Botulismus und so?« Schade nur, dass weder Lisa-Lotta, noch Max-Philipp, noch Luca und Carl die Vollkornreispuffer mit Apfeldicksaft zu würdigen wissen.

Und richtig schwierig wird es, wenn eine Betreuung mit passender Bewirtung gefunden werden soll. Die persische Tagesmutter, die dem Kind schon beim Vorstellungstermin ein Stück Kandis in den Mund schiebt, scheidet gleich aus. Erst recht die Kandidatin aus Kasachstan – sie spricht zwar erstklassig deutsch, aber bei dem Übergewicht kann sie nur schlechten Einfluss ausüben! Und die Kita um die Ecke, die sich mittags von einem Caterer namens *Ökolino* beliefern lässt? Kantinenkost! Nicht für mein Kind! Tja, dann bleibt Mama wohl nichts anderes übrig, als das Vollwertkochen als Vollzeitjob zu betreiben!

Es muss eine große Natursehnsucht sein, die uns Deutsche treibt, ein Verlangen nach dem Ursprünglichen, Wahren und Guten. Auch beim Wickeln lässt sich das beobachten. Anfang der sechziger Jahre brachte der US-Konzern *Procter & Gamble* eine Höschenwindel namens *Pampers* auf den Markt. Weltweit waren Mütter dankbar für weniger Wäsche, selbst in armen Ländern. Wer immer es sich leisten kann, wählt das Prinzip Ex und hopp. Inzwischen gibt es auch gute und preisgünstige Alternativen von *dm*, *Rossmann* und dergleichen. Doch – Industrienation hin oder her –

der Fortschritt scheint nicht auf allen deutschen Wickeltischen angekommen zu sein. Aus Protest gegen die globale Wegwerfkultur wickeln ideologisch aufrechte Mütter ihre Kinder weiter in Mull. Fraglich bleibt, wie die Ökobilanz ausfällt, wenn man die Stoffwindeln in der Maschine wäscht, schleudert oder – im kalten deutschen Winter – sogar trocknet. Fakt ist, selbst mit einem Teilzeitberuf lässt sich das Verfahren nur schwer vereinbaren. Schon gar nicht, wenn man die dazugehörigen naturfetten, schafwollenen Windelhöschen von Hand anfertigt, wie sich das für eine gute Mutter gehört. Die Anleitung dazu gibt es im Internet. Und weil Stricken seine Zeit braucht, wartet man besser auch gar nicht erst ab, wie das Kind die Drogerieware dermatologisch verkraftet.

Besonders engagierte Mütter praktizieren sogar eine noch mutigere Variante. Sie verzichten ganz auf Windeln und vertrauen darauf, die Verdauung ihres Kindes an dessen Lauten zu erkennen. In den ärmsten – und wärmsten – Regionen der Welt wird die Methode nicht ohne Erfolg angewandt. Die Frauen tragen ihr Baby nackt auf der Hüfte und heben es nur kurz hoch, wenn sie verdächtige Geräusche hören. Je mehr jedoch das Klima bei Mutter und Kind an Kleidung verlangt, desto anstrengender wird dieses Verfahren. Schon der Weg zum Kinderarzt kann zum Abenteuer werden. Doch da muss man als Hobby-Ethnologe eben durch. Je ursprünglicher desto besser.

Das gilt auch für das Thema Transport, auch hier sollen dem Kind zivilisatorische Zwänge erspart werden. Tragen ist das allerbeste, da sind sich alle einig. Nach neun Monaten im mütterlichen Bauch fühlen sich Säuglinge hautnah an denselben gekuschelt am wohlsten. Die Frauen in Afrika, Asien und Lateinamerika machten es vor. Inzwischen zieht die industrialisierte Welt nach. Egal ob Hollywoodstar, europäischer Hochadel oder Hausfrau aus Herne/Westfalen – alle tragen ihre Babys wieder auf Bauch oder Rücken.

Allerdings geht uns auf der Nordhalbkugel der Pragmatismus ab, mit der Mütter in anderen Ländern die Transporthilfe nutzen. Dort verwendet man die Tücher, um auch mit Kind weiter der Arbeit auf dem Acker nachzugehen. Bei uns dagegen wird das Tragetuchtragen zum Beruf. Die Handhabung erlernen wir nicht am Dorfbrunnen, sondern im kostenpflichtigen Bindekurs (inklusive Begleitunterlagen). Und wer sich als Besitzerin eines Trage*rucksacks* outet, ist bei den Mitmüttern direkt durchgefallen: »In orthopädischer Hinsicht sollen die aber nicht optimal sein!« Auch gibt es Besser-Muttis, die via Website vor der schädlichen Wirkung von Kinderwagen auf Kinderseelen warnen. Hoch lebe das Tragetuch! Eine eigentlich praktische Erfindung wird zum Kampfsportgerät in der Mütterschlacht.

Die »Mein Kind kann nicht ohne mich«-Mutti

Mama kann nicht nur die schönsten Wollwindelhöschen stricken, sie kann auch besser Weihnachtslieder singen und Kastanienwichtel stecken als irgendwer sonst auf der Welt. Das macht sie zur unverzichtbaren Stütze der Krabbelgruppe. Sie hat für alle stets einen Rat, ist ein wandelnder Bastelbogen und die Einzige, die immer erscheint und nie die Gelegenheit nutzt, ihr Kind mal in der Obhut der anderen Mütter zu lassen.

Das würde Pia-Marie auch gar nicht mitmachen. Sie ist ja so sensibel, die Kleine! Egal ob Friseur, Frauenarzt oder Kaffeeklatsch mit Freundinnen – Pia ist immer dabei. Denn selbst bei der Oma bleibt sie nur in Begleitung. Und mit Papa allein ist es auch ziemlich schwer, selbst, wenn Mama vorher alles bereitlegt, einfriert und aufschreibt. Bei Papa zieht schon morgens die heiße Milch eine Haut, und abends fehlt umgekehrt die nötige Nestwärme, weil nur Mama noch in Pias Bettchen passt. Und anders kann Pia nun mal nicht einschlafen.

In der Krabbelgruppe haben die meisten mit Kindergarten angefangen. Einige sogar ganztags. Das käme Pias Mama nie in den Sinn. Sie findet drei Jahre ohnehin ziemlich früh für Fremdbetreuung. Und dass Pia beim Sprachtest für Vierjährige nun in die zweite Runde muss, hält sie für eine Schikane des Schulamts. Pia konnte eher »Mama« sagen als alle anderen Krabbelkinder. Pia redet wie ein Wasserfall. Sie redet nur nicht mit Fremden.

Die Early-English-Eislauf-Mutti

Unter den Müttern gibt es allerdings auch das andere Extrem – die, die finden, dass sie ihrem Kind gar nicht genug Anregung angedeihen lassen können. Früher hat man solche Damen Eislauf-Muttis genannt. Doch Eislaufen ist ziemlich out. Der mütterliche Ehrgeiz hat sich längst andere Felder gesucht – und davon sogar ziemlich viele. Musikalische Früherziehung ist das Mindeste, das machen von Niks Freunden eigentlich fast alle. Zwei Mädchen besuchen außerdem die rhythmische Gymnastik mit Musik, weil das die Synapsen im kindlichen Hirn angeblich so kolossal fördert.

Und Laura und Marie beginnen demnächst mit dem Klavierunterricht. Laura soll außerdem noch Ballettstunden bekommen. Sie habe schon als Säugling im *Maxi-Cosi* zu Tschaikowski begeistert gewippt, erzählt ihre Mama. Da kaufte Papa das Piano.

Von den Jungs geht einer zum Kinderkaratekurs des Polizeisportvereins. Seine Mutter findet, nach den Erzieherinnen morgens im Kindergarten braucht er nachmittags männliche Vorbilder. Zwei andere fahren zum Hockeytraining ans andere Ende der Stadt, weil der Mannschaftssport den »Teamgeist« schult. Es hätte natürlich auch eine Fußballjugend um die Ecke gegeben. Aber das sei ein »Proletenverein«, urteilt eine der Mamas. Sie weiß das, denn dort kickt der Sohn der Friseuse.

Beim Thema Fremdsprachen kam es unter den Damen erstmals zu Differenzen: »Hast du nicht Angst, dein Kind zu überfordern?« Gleich mehrere Mütter waren entsetzt, als Amelies Mama beschloss, ihre Tochter im Kindergarten der deutsch-französischen Schule anzumelden. Dort sollte sie frühzeitig das lernen, was ihren Eltern fehlt: Fremdsprachen. Doch genau daran scheiterte das Ganze auch: Mamas holpriges Französisch fiel beim Vorstellungsgespräch auf, und so bekam ein anderes Kind den Zuschlag. Das hat sich Mama nicht verziehen!

Inzwischen hat sich auch die Stimmung unter den anderen Müttern gedreht. Mittlerweile überwiegt die Zahl derer, die selbst fürchten, das Zeitfenster für den Spracherwerb zu verpassen: »Gerade bei den Kleinen ist das Hirn dafür angeblich total offen.«

Lucia und Ole gehen deshalb zum *Helen Doron Early-English Learning Center,* einer Sprachschule speziell für kleine Kinder. Und Hinnerks Eltern nahmen für ein Jahr eine Austauschschülerin aus Alabama auf. Die liest ihm nun die *Raupe Nimmersatt* im amerikanischen Original vor *(The very hungry Caterpillar)* und singt ihm »Old McDonald Had a Farm« vor. Und so wird er später in der Schule wohl der Einzige sein, der mit schwarzem Südstaatenakzent Englisch spricht – und »Banjo« nicht für eine Süßigkeit hält.

Die Etepetete-Ästhetik-Mutti

Leanders Mama hält die Mutterschaft vor allem für eine ästhetische Herausforderung. Schon in der Schwangerschaft entwickelte sie die Theorie, dass Frankreich allein deshalb mehr Kinder hat, weil die Textilindustrie dort *Mode* Maternité kreiert, während sie hierzulande *Umstands*kleider produziert. Sonst stets adrett in Dunkelblau gekleidet, tat sich Mama mit der neuen Garderobe schwer. »Vergiss das«, riet die Freundin, als Mama selbst aus ihrem dehnbarsten Polokleid herauszuwachsen begann, »ab dem siebten Monat machen auch dunkle Farben nicht mehr schlank.« Das sei nicht das Problem, meinte Mama pikiert, aber diese bunten Säcke mit Aufdrucken wie »Boy or Girl?« oder gar Bärchenlogo kämen ihr nun mal nicht in den Schrank.

Wochenlang brachte Mama damit zu, nach Gitterbetten ohne Drechselarbeiten zu jagen, nach Wannen und Wickelauflagen in klaren Farben ohne Entenmuster, nach Hosen und Hemden ohne Häschen. In Frage kamen nur Dunkelblau, Vichy Karo, Pünktchen und feine Streifen. Stundenlang konnte sie sich über kitschige Kindersachen ereifern. Wo kauft ihr nur ein?, klagte sie den Mitmüttern ihr Leid. Was ist sie den Freundinnen damit auf die Nerven gefallen. Die meisten arbeiteten längst wieder und hatten für so etwas wenig Zeit.

Und die meisten hatten auch mehr Erfahrung. Sie hatten die *Prinzessin-Lillifee-* und *Piraten-der-Karibik*-Phase bereits hinter sich. Sie wussten, Mamas Sinn für Ästhetik entscheidet nur in den ersten zwei Jahren. Und so mussten sie auch stets lachen, wenn sie Leander sahen. Der Junge begann früh, sich für Fußball zu interessieren. In seinem Zimmer hingen Wimpel, Fahnen und ein Plastikduplikat der Meisterschale. Statt in Vichy Karo schlief er nun in Borussia-Dortmund-Bettwäsche – mit giftgelben Diagonalstreifen. Und wenn er aus dem Haus ging, wickelte er sich in den bunten Fanschal. Die geliebte BVB-Kappe zog er sich tief ins Gesicht. Mama konnte das alles nicht begreifen.

Die Rundum-Praktisch-Mutti ist schon von Weitem zu er-kennen. Früher trug sie Handtaschen wie andere Frauen, heute einen Rucksack vom Format eines Hausboots. Sein Rückenteil lässt sich zur Wickelunterlage ausfalten: mit Luft-polsterrand und Iso-Schicht – perfekt für den Einsatz im sibirischen Eismeer. Feuchttücher (allergiearm), Windeln, Wechselwäsche, Wundcreme für den Po und Kälteschutz-creme für die kleine Nase sowie den Beißring für die Zähn-chen sind natürlich auch mit dabei. Und sind die Zähne durch und das Kleine endlich windelfrei, wird das Gepäck nicht etwa leichter. Die Wechselwäsche bleibt auf unbe-stimmte Zeit Mamas unentbehrlicher Begleiter. Dazu kom-men – je nach Gelegenheit – Spielhosen, Gummistiefel und Stoppersocken. Immer ist auch etwas Proviant dabei: Kin-dertee oder Apfelschorle, die *Klick-Box* mit den Karotten-schnitzen und Dinkelstangen sowie ein großes, gelbes, si-chelförmiges Plastikungeheuer – das Behältnis für die Ba-nane.

Die Bananenbox hat Mama im Internet bestellt: Sechs Stück zum Preis von fünf! Ein Schnäppchen. Seither schlep-pen auch ihre Freundinnen so ein Ding mit sich herum: »Nie mehr zerdrückte Bananen!«

Mama kennt sich überhaupt gut aus. Sie weiß, wann es bei *Tchibo* warme Handschuhe gibt. Sie weiß, wo die Wind-jacken im Angebot sind. Und sie weiß, dass die *Aldi*-Kin-dersonnenmilch bei *ÖKO-TEST* genauso gut abgeschnitten hat wie die teure aus der Apotheke. Und wehe, eine der

Mitmütter lässt sich mal zum eiligen Spontankauf verführen. Dann kann sich Mama nicht verkneifen, ein wenig aus ihren Test-Heften zu referieren.

Die Märtyrer-Mutti

Der Gegensatz zwischen Besser- und anderen Müttern ist kein singulär deutsches Phänomen. Und der Konflikt ist auch nicht ganz neu. So erschien vor gut siebzig Jahren ein amerikanisches Buch, das sich genau mit dem Thema beschäftigt: *Vom Winde verweht.* Es ist landläufig als Liebesroman bekannt, doch eigentlich geht es darin vor allem um Frauen- beziehungsweise Mutterrollen.

Die Hauptfigur Scarlett O'Hara ist das, was wir heute Rabenmutter nennen würden. Im amerikanischen Bürgerkrieg übernimmt sie das Kommando auf der elterlichen Baumwollplantage und lässt sich auch von drei Ehemännern und vier Schwangerschaften nicht vom Kurs abbringen. Am Ende hat Scarlett das Gut gerettet, ist aber ansonsten eine tragische Figur. Alle Lieben gingen zu Bruch, sie verlor eine Tochter und ein ungeborenes Baby.

Das Gegenmodell in dem Roman stellt Melanie dar, die Frau, die Scarletts Jugendschwarm zum Altar führte. Melanie ist die geborene Besser-Mutter, eine, die für ihre Familie jedes Opfer bringt. Wäre Scarlett nicht glücklicher, wenn sie so wäre? Fast tausend Seiten lang ist man geneigt, das zu glauben. Doch dann nimmt auch Melanies Leben eine Wende. Schon beim ersten Kind hatte sie eine schwere Geburt. Trotz ärztlicher Warnung wird sie wieder schwanger und stirbt. Sie opfert sich für Mann und Kind – und raubt ihnen Frau und Mutter.

Was verbindet die Geschichte aus dem amerikanischen Bürgerkrieg mit unserem modernen deutschen Frauenleben? Ziemlich viel, denn aller Emanzipation zum Trotz und mehr als irgendwo sonst gehört das Märtyrertum bei uns zum Bild der guten Mutter.

Im Kindbett gestorben wird heute zum Glück kaum noch. Die Geburtsmedizin hat große Fortschritte gemacht. Der Kaiserschnitt kann Leben retten – und doch ist er bei vielen Müttern ein Tabu.

So hat dann auch Claras Mama lange damit gehadert, dass sie die Kleine per Bauchschnitt entbinden musste. Eigentlich hätte sie sich freuen können, dass ihr Töchterchen trotz Steißlage gesund auf die Welt kam. Aber man hat als Mutter schließlich auch seinen Ehrgeiz. Und als sich dann kurz darauf noch einmal Nachwuchs ankündigte, nahm sie sich fest vor, es diesmal allein zu schaffen. Neunzehn Stunden dauerte es, bis der kleine Tim geboren war, und zum Schluss wäre der Sauerstoff fast ein wenig knapp geworden. Doch das war danach schnell vergessen. Als alles überstanden war, eilten die Krabbelmütter in die Klinik, um die frohe Kunde zu vernehmen: »Alles ganz natürlich – ohne Skalpell und ohne Schmerzmittel!!« Es folgte allgemeiner Applaus, nebst Schilderung eigener Wehenschmerzerlebnisse. Nur die PDA-Mütter schwiegen verlegen.

Narkose im Kreißsaal ist in Deutschland verpönt. Warum eigentlich? Natürlich können Narkotika bei falscher

Anwendung Nebenwirkungen hervorrufen. Doch das können sie auch bei allen anderen Operationen. Und wer würde sich heute noch einen Weisheitszahn ohne Betäubung ziehen lassen? Schon beim Bohren ist die Spritze inzwischen Standard. Auch bei der Niederkunft kann eine Teilnarkose hilfreich sein. In den USA entscheiden sich fast neunzig Prozent aller werdenden Mütter für die PDA (Periduralanästhesie) und gebären bei vollem Bewusstsein, aber weitgehend ohne Wehenschmerz. In Frankreich sind es nach Erkenntnis der Zeitschrift *Eltern* rund siebzig bis achtzig Prozent der Frauen und selbst in Italien und Spanien schon sechzig Prozent. In Deutschland dagegen liegt die Rate nur bei dreißig Prozent. Es gilt das Mythos von der Mutter als Märtyrerin.

Eigentlich würde es mehr Sinn ergeben, sich die Kraft für später zu sparen. Wenn das Baby erst da ist, gibt es noch genug Gelegenheit, Opfer zu bringen – gerade in Deutschland.

In wenigen Ländern lassen sich Kinder und Beruf schwerer vereinbaren. Doch auch da üben sich Deutschlands Frauen gerne in Duldsamkeit. Für jede Mutter, die sich mal Luft macht über fehlende Krippen, knappe Kitaplätze und Horte, gibt es prompt eine andere, die das alles halb so schlimm findet: »Schließlich habe ich meine Kinder nicht bekommen, um sie wegzuorganisieren!«, sagt die dann und meint, man könne den eigenen Ehrgeiz auch mal zurückstellen.

Sicher kann man das. Aber ist uns damit wirklich gedient? In anderen Ländern müssen sich Frauen nicht verteidigen, wenn sie sich das Mütterwerden so leicht wie möglich machen. Im Nachbarland Frankreich ist Narkose bei der Geburt so selbstverständlich wie die Nounou, die Kinderfrau, bald danach. Vom Nachmittagsunterricht später ganz zu schweigen.

Dafür sind dort Familien mit drei oder mehr Kindern normal.

Die typische deutsche Vollzeitmutter dagegen betreut – rein statistisch gesehen – immer häufiger eine Ein-Kind-Familie. Unser hohes Mütterlichkeitsideal führt zu sinkenden Geburtenraten. Nun kann man sich sehr wohl auf den Standpunkt stellen, auf Quantität käme es in der Erziehung weniger an als auf Qualität.

Und in der Tat ist es ein großer Fortschritt, dass die Mutterkreuze abgeschafft wurden, mit denen Hitler einst Vielgebärende belohnte. Nach dem Ende der Nazizeit wurde auch lange darüber nachgedacht, wie man unser staatliches Bildungssystem dezentraler, gerechter und besser machen könnte. Leider ist das Ergebnis sehr bescheiden. Bei internationalen Tests der Rechen- und Rechtschreibfähigkeit schneiden deutsche Kinder oft schlechter ab als die Altersgenossen in anderen Ländern. Das Land der Dichter und Denker ist ins Mittelfeld abgerutscht.

Und, stehen Deutschlands Mütter nun auf? Wehren sie sich wenigstens, wo es um ihre Söhne und Töchter geht? Wo klar erkennbar ist, wie Kinder in anderen Ländern von Krippen und Ganztagsschulen profitieren und überdeutlich wird, wie wir mit unserem System den Anschluss verlieren? Eigentlich hätten die PISA-Ergebnisse dazu führen müssen, dass die Eltern Pädagogen und Politiker zur Rechenschaft ziehen und sofortige Reformen erzwingen. Doch Fehlanzeige. So sorgte PISA umgekehrt erst einmal dafür, dass Mutti neue Aufgaben bekam: Im Kindergarten wird sie nun als »Vorlesemutter« aktiv, und an der Schule assistiert sie in der Bibliothek, im Schulgarten und beim Filme-Workshop.

Doch das (siehe oben) tut Mama doch gerne.

Der Grabenkrieg am Sandkastenrand

Na, haben Sie sich in dem einen oder anderen Punkt wiedererkannt? Oder nur die Nachbarin, die mit Ratschlägen nervt – in der Spielgruppe, am Sandkastenrand und in der Supermarktschlange. Hand aufs Herz! Ein bisschen Besser-Mutti steckt in jeder von uns, und genau deshalb reagieren wir ja auch oft so empfindlich.

Super, wenn man das Kind nach einem anstrengenden Arbeitstag aus dem Kindergarten holt und feststellt, dass direkt nach dem Eltern-Laternen-Basteln nun der Adventsbasar ansteht. »Also ein paar Muffins kann doch wohl jeder backen«, meint die Mitmutter leichthin, gerade, als man erleichtert festgestellt hat, dass auch Saftspenden willkommen sind. Sie selbst hat sich mit »Mandel-Möhren-Torte« in die Liste eingetragen.

Spitze, wenn man sich nach einer langen Woche auf den Spielplatzsamstag freut und auch dort wieder Besser-Muttis trifft. Sie diskutieren das Thema Betreuung. Von Montessori über konfessionell bis hin zum Waldkindergarten haben sie alles schon durch. »Ach, dein Sohn ist in der städtischen

Kita? Ihr seid zufrieden? Aha. Na ja, wenn man arbeiten muss, kann man sich das ja nicht so aussuchen.«

Nie würden es Mütter zu offenen Auseinandersetzungen kommen lassen, niemals und schon gar nicht vor den Kindern! Aber heimlich herrscht am Sandkastenrand oft Krieg.

»Mütter, euer Feind ist weiblich«, so provokant formuliert es Cornelie Kister, eine studierte Germanistin und ehemalige Verlagslektorin, die heute – mit vier Kindern – sehr erfolgreich selbst Bücher schreibt. In ihrem jüngsten analysiert sie auf 120 Seiten, »wie Frauen sich gegenseitig das Leben zur Hölle machen«. Früher sei Kinderkriegen Frauenschicksal gewesen. Dann kam die Pille. Die brachte sexuelle Freiheit und Selbstbestimmung, aber auch das Ende der Solidarität. Seither teilt sich das Geschlecht in Mütter und Nicht-Mütter. Die Ansprüche an Erstere sind gewaltig gestiegen. Wer sich, so die gängige Meinung – freiwillig – für Kinder entscheidet, hat deren Erziehung gefälligst auch als Vollzeitjob zu verstehen. Karrierefrauen, also Frauen, die zwar einen Beruf, aber keine Kinder haben, sind bei den Vollzeitmüttern nicht gut angesehen – und umgekehrt. Und Frauen, die trotz Baby ins Büro gehen, sitzen völlig zwischen den Stühlen. Das Buch endet nach kurzer Analyse mit dem Appell, sich doch künftig bitte besser zu vertragen, schließlich sei man aufeinander angewiesen.

Der Appell ist berechtigt, aber ist er auch realistisch? Immer schon war Frauensolidarität eine löbliche Tugend. In Krisenzeiten kann sie überlebenswichtig sein. Das zeigt das Beispiel aus *Vom Winde verweht*, als Scarlett mit ihrem Baby zunächst ausgerechnet bei der Rivalin Melanie Zuflucht findet und diese ohne deren Hilfe wohl umgekehrt schon bei der ersten Niederkunft dahingeschieden wäre.

In friedlichen Zeiten sind Mütter nicht minder aufeinander angewiesen. Wer möchte schon alle Erziehungsratgeber selber lesen, wer will die gesamte Erstausstattung allein anschaffen, wer freut sich nicht, wenn das Kind im Ernstfall mal bei einem Spielkameraden übernachten kann. So wandern unter Müttern erprobte Tipps ebenso hin und her wie gebrauchte Strampler und manchmal sogar ein Sprössling mitsamt Schlafsack und Teddy.

Aber die Frauenfreundschaft hat trotzdem ihre Grenzen. Und die sind hierzulande offenbar besonders schwer zu überwinden. So beobachtet die Autorin des Mütterfeindschaftsbuchs, dass es Karrieremütter in Deutschland schwerer haben als in anderen Ländern – auch und vor allem beim eigenen Geschlecht. Sind deutsche Frauen also zickiger als die Geschlechtsgenossinnen im Ausland? Vermutlich nicht, doch das Sein prägt das Bewusstsein. Das begrenzte Betreuungsangebot zwingt viele Frauen zum Berufsverzicht. Damit dieses Opfer lohnend erscheint, muss häusliche Erziehung glorifiziert und Fremdbetreuung verteufelt werden.

Nun gibt es in Deutschland eine Familienministerin, die die Koexistenz von (sieben) Kindern und Karriere vorlebt und das Angebot an Krippen und Tagesmüttern ausweiten will. Kein leichtes Unterfangen – gerade in der Union. So wehrte sich etwa die CSU vor allem mit Blick auf ihre Stammklientel gegen die Pläne. Die klassische CSU-Wählerin ist eine Frau mittleren Alters. Meist hat sie ihren Beruf schon der Familie geopfert. Und eine Ausweitung der

Betreuung, so hörte man aus der Partei, würde sie nicht als Bereicherung, sondern als Entwertung ihres Lebensentwurfes ansehen.

Wird »die heutige Realität in zwanzig Jahren ein Märchen aus längst vergangenen Zeiten sein«, wie sich das die Autorin Kister wünscht? Wir sollten uns nicht zu früh freuen. Denn Besser-Mütter beeinflussen nicht nur Politiker, sondern vor allem auch ihre Töchter und Enkeltöchter. Selbst wenn sich die Betreuungssituation irgendwann entspannt, wird uns das hohe deutsche Mutterideal also wohl noch ein Weilchen begleiten.

KAPITEL 5

Von Vater Rabe war nie die Rede

WARUM EIGENTLICH NICHT?

Kapitän Langstrumpf
und andere abwesende Erzeuger

Von Rabenmüttern hört und liest man ab und an, von Frauen, die es vermeintlich an Brutpflege fehlen lassen. Dass Väter arbeiten gehen, daran hat man sich gewöhnt. Darüber diskutiert keiner mehr. Nur wenn keine Frau die Lücke füllt, fällt plötzlich auf, dass Papa fehlt.

Es gibt ein Buch, das eine solche Geschichte erzählt. Es heißt *Pippi Langstrumpf* und handelt von einem kleinen Mädchen, das allein in einer großen Villa lebt. Die Mutter starb nach seiner Geburt, und Vater Langstrumpf war Seemann. Ein Sturm spülte ihn an den Strand einer entlegenen Insel namens Taka-Tuka-Land. Dort machte er Karriere als König.

Das Buch, das die schwedische Autorin Astrid Lindgren 1945 schrieb, ist grundsätzlich sehr emanzipatorisch. Es zeigt, dass Kinder ohne Dauerbegluckung gedeihen, und dass Frauen ohne Männer zurechtkommen – selbst wenn sie noch so klein sind. So kann Pippi prima mit Geld umgehen, das heißt mit dem Gold aus der Truhe, die ihr Vater zurückließ. Und das Mädchen ist stark, stärker als alle Jungen. Pippi kann sogar Pferde hochheben. »Hab keine Angst um mich. Ich komme immer zurecht!«, ruft sie ihrer toten Mutter im Himmel zu. Auf ihren Papa ist sie sehr stolz. Drei Bände lang lebt der Abwesende in ihrer Phantasie fort.

Dass trotz allem etwas fehlt, merkt man erst am Ende des dritten Buchs. Als Pippi nach einem Besuch auf Taka-Tuka nach Hause aufbricht, weint das tapfere Mädchen dicke Tränen.

Auch Kapitän Langstrumpf ist traurig. Allerdings tut er nicht das, was eine Mutter in dieser Situation sicher täte – den Südseethron gegen einen familienfreundlicheren Job tauschen, etwa beim Amt für Schifffahrt zu Hause in Schweden.

Die Vereinbarkeit von Arbeit und Familie war jahrzehntelang ein Thema exklusiv für Frauen. Selbst in Skandinavien, wo die Emanzipation früher Einzug hielt, baute man zunächst nur die Kinderkrippen aus. Erst später ermutigte man die Männer zur aktiven Teilnahme an der Familie.

Ende der achtziger Jahre begannen dann auch Väter in Deutschland darüber nachzudenken, welche Rolle sie im Leben ihrer Kinder spielen sollen und wollen. Sie gründeten einen Verein namens »Väteraufbruch«. »Nur 50 % aller Eltern sind Mütter!«, heißt es auf dessen Internetseite www.vafk.de plakativ. Dort steht auch zu lesen, dass neunzig Prozent aller obdachlosen Kinder, fünfundachtzig Prozent aller jugendlichen Häftlinge und einundsiebzig Prozent aller schwangeren Teenager aus vaterlosen Familien stammen.

Der Verein versucht zu verhindern, dass es so weit kommt. Er berät Väter, und er vertritt sie politisch.

Aus dem Kreis dieser bewegten Väter heraus entstand *Paps*, eine Zeitschrift für Männer mit Kindern. Das Blatt, das 1995 pünktlich zum Vatertag zum ersten Mal erschien, behandelte verschiedenste Themen von Unterhaltszahlungen und »Bildungsreisen mit Kindern« über »Erzieher – ein Beruf für echte Männer!« bis hin zur kritischen Würdigung des Vaterschaftstests.

Allerdings hatte die Publikation am Markt keinen leichten Stand. Nach einem euphorischen Start sank die Auflage rapide. Auch die Zahl der Anzeigen blieb gering. Gleich mehrfach wechselte die Zeitschrift den Verleger. Anfang 2006 war dann endgültig Schluss. Übrig blieb die Internetseite www.paps.de und eine Väterbeilage in der Zeitschrift *Spielen&Lernen*. Und von dieser Beilage sagt der Gründer des ursprünglichen Hefts, Werner Sauerborn, sie würde »auch und gerade von Frauen gern gelesen«.

Fast sieht es aus, als habe sich der *Väteraufbruch* schon dadurch erledigt, dass Scheidungspapis inzwischen mehr Rechte haben. Früher erhielten beim Scheitern einer Ehe fast automatisch die Frauen das Sorgerecht für die Kinder. Eines der Hauptanliegen des Vereins war es, für die Ansprüche geschiedener Väter zu kämpfen. Mit Erfolg. 1998 trat die Sorgerechtsreform in Kraft. Seitdem herrscht im Familienrecht Gleichberechtigung, Väter und Mütter bekommen nach der Trennung meist ein gemeinsames Sorgerecht. Und seitdem ist es auch um den Verein ruhiger geworden – was bedauerlich ist.

Denn auch in intakten Ehen brauchen Kinder ihre Väter.

Oft scheint es, dass Männer sich erst ihrer Familienpflichten besinnen, wenn in ihrem Leben irgendetwas grundlegend aus dem Ruder läuft. Werden Vorstandsvorsitzende etwa bei einem Fehler ertappt, kommen sie dem Rausschmiss gern mit einem Rücktritt »aus Rücksicht auf die Familie« zuvor.

Auch bei Politikern ist es beliebt, sich in Krisenfällen an Kinder und Ehefrau zu erinnern. Jahrzehntelang etwa war Oskar Lafontaine von der politischen Bühne nicht wegzudenken: als saarländischer Ministerpräsident, als Bundesfinanzminister und als Parteivorsitzender der SPD. Dann aber zerstritt er sich mit dem Kanzler und gab ab 1999 erst mal den Familienmann. Fröhlich winkend mit Söhnchen Carl Maurice auf der Schulter ließ sich Lafontaine fotografieren. Er zelebrierte den Rückzug ins Private. Doch diese Phase währte nicht lange. Kurz darauf heuerte er bei der Linkspartei an.

Seitdem sind die Rollen im Haushalt der Lafontaines klassischer denn je verteilt. Der Mann geht hinaus ins feindliche Leben und kämpft um politische Mandate. Seine Gattin dagegen waltet züchtig am heimischen Herd.

Christa Müller – Lafontaines dritte Ehefrau – ist inzwischen bekennende Vollzeitmutter. Und wenn sie sich überhaupt noch politisch engagiert, dann für Ihresgleichen: »Viele Hausfrauen leiden unter dem Mangel an Wertschätzung für ihre Arbeit.« Dagegen will sie nun kämpfen.

Dabei galt Christa Müller durchaus als Frau mit beruflichen Ambitionen. Noch kurz nach der Geburt ihres Sohns schrieb die studierte Volkswirtin mit ihrem Mann ein Buch über Globalisierung. »Zur Staatssekretärin in einem Landesministerium hätte ich es schon bringen können«, sagt sie heute – was ein wenig wehmütig wirkt.

Sind es die Mütterhormone, die Karrierefrauen wie Müller plötzlich einknicken lassen? Oder liegt es vielleicht an den Männern, die zwar nach außen hin gern den Vollblutvater geben, aber zu Hause nicht danach leben?

Leider ist Oskar Lafontaine nicht die Ausnahme, sondern nur ein besonders prominentes Exemplar dieser Spezies. Glaubt man Umfragen, wie sie etwa der Familienforscher Wassilios Fthenakis durchführt, will heute die Mehrheit der Männer mehr sein als nur »Ernährer« der Familie. Rund drei Viertel der deutschen Väter sehen sich danach selbst in der Rolle des aktiven Erziehers. Das allerdings kontrastiert stark mit anderen Studien, die untersuchen, wie viel Zeit Väter tatsächlich mit ihren Kindern verbringen. Im Schnitt ist es eine gute Stunde pro Tag. Der Soziologe Ulrich Beck nennt dieses Phänomen »verbale Aufgeschlossenheit bei weitgehender Verhaltensstarre«.

Nach Erhebungen des statistischen Bundesamtes verbringen dagegen selbst berufstätige Mütter mehr als doppelt so viel Zeit mit Spielen, Vorlesen und dem Chauffeurdienst zwischen Kinderzimmer und Kindergarten. Und dazu kommt noch das Waschen, Putzen und Bügeln – Familienarbeit, die viel Zeit in Anspruch nimmt und fast ausschließlich von Frauen verrichtet wird.

»Zeigen zu Beginn der Ehe etwa die Hälfte der Paare eine partnerschaftliche Arbeitsteilung bei der Hausarbeit, so sinkt dieser Anteil nach zwölf Ehejahren auf nur noch 15 Prozent«, ergab eine Studie der Universität Bamberg. Die Soziologen begleiteten diverse Paare viele Jahre lang und befragten sie nach ihrer Arbeitsteilung im Haushalt. Ergebnis: Engagierte er sich anfangs noch beim Abwaschen und Aufräumen, schläft dies mit der Zeit ein. Und zwar unabhängig davon, ob die Frau im Vergleich zu ihrem Mann viel oder wenig verdient, ob sie Voll- oder Teilzeit arbeitet oder auch gar nicht berufstätig ist. Bereits beim ersten Kind verfallen die Paare in die traditionellen Rollen. »Alle Bemühungen und Erfolge, die Gleichstellung der Geschlechter in unterschiedlichen Lebensbereichen durchzusetzen, drohen durch den Übergang zur Elternschaft zurückgeworfen zu werden«, urteilt auch Wassilios Fthenakis, der langjährige Leiter des Münchner Staatsinstituts für Frühpädagogik, der heute an der Universität Bozen lehrt.

Für uns Frauen heißt das, dass wir nach vielen Jahrzehnten Kampf um Gleichberechtigung zwar die *gleichen Rechte* haben wie ein Mann, aber *mehr Pflichten*. Es heißt, dass wir uns zwar beruflich verwirklichen können – aber nur, wenn Kinder und Küche nicht darunter leiden.

Kein Wunder, dass es kaum Frauen unter den Topmanagern und fast keine Professorinnen gibt. In der Politik hat es nun endlich einmal eine von uns ganz an die Spitze geschafft: Angela Merkel eroberte das Bundeskanzleramt. Doch – sollte das ein Zufall sein – die Dame, die da regiert, ist eine Frau ohne Kinder.

Es mangelt dem weiblichen Geschlecht nachweislich nicht an Grips und Talent – in der Schule sind die Mädchen besser. Einmal Frau geworden, fehlt ihnen zum Karrieremachen jedoch meist der Backoffice-Support, den Männer fast selbstverständlich genießen. Niemand hält ihnen zu Hause den Rücken frei. Deswegen entschieden sich Frauen früher oft gegen Karriere und heute immer häufiger gegen Kinder.

Das ist schade, weil wir uns so selbst der Hälfte des Lebens berauben. Kinder sind Glück! Arbeiten macht Spaß! Jeder Mensch braucht ein Außen *und* ein Innen.

Statt uns *gegen* Kind oder Karriere zu entschließen, sollten wir uns lieber *für* den richtigen Mann entscheiden. Einen Gefährten, der uns beides ermöglicht, einen, der die Pflichten mit uns teilt. Dann wäre das Glück vollkommen.

Papis, vor denen man sich hüten muss

Der »Ich hab gar nichts gehört«-Papi

Es muss kurz nach fünf Uhr sein, draußen graut der Morgen, das Kind ist gerade wach geworden und spielt mit dem Schnuller an den Stäben seines Bettchens. Seit einigen Wochen sagt es die ersten Worte, zum Beispiel »Milch« oder auch »Essen!«. Papa ist sehr stolz, dass Frederick schon spricht. Das heißt, tagsüber ist Papa sehr stolz. Gerade schläft er, zumindest tut er so. Von jenseits der Besucherritze dringen gleichmäßige Atemzüge herüber. Fünf Minuten vergehen. Das Rattern nebenan wird stärker. Eigentlich wollte heute mal Papa aufstehen, aber noch rührt er sich nicht. »Milch!«, ruft Frederick, der es gewohnt ist, dass man ihn hört. »Milch, Mama, Milch!«

Mama ist natürlich längst wach, wie immer. Vorsichtig richtet sie sich auf, um die andere Betthälfte besser überblicken zu können. Dort regt sich nichts, nicht einmal ein Paar Augenlider. »Miiilch«, ruft Frederick wieder. Vorsichtiges Rütteln: »Schatz, Frederick ist wach, wolltest du nicht ...?« Papa grummelt und dreht sich auf die andere Seite.

Inzwischen wird das Kind ungehalten. »MAMA, MILCH!!!« Der Schnuller fliegt durch die Stäbe aufs Parkett. Mama gibt auf.

Als sie die Flasche aus dem Wasserbad nimmt, zeigt die Küchenuhr 5:36. Schnell die Milch und das Kind geschnappt und ab in Mamas Kissen. Papa hat sich daneben schalldicht unter der Decke verkrochen.

Bald senkt sich Frieden übers ganze Bett. Doch beim Frühstück will Mama es noch mal wissen. »Wolltest du heute nicht eigentlich die Milch machen?« Papa schaut unschuldig. »Wenn du wach bist, muss ich doch nicht aufstehen, oder.«

Der Trick ist nicht neu. Der Schweizer Arzt Remo Largo beschreibt ihn in seinem Buch *Babyjahre*. Wir lernen, Papa kann die Sache sogar noch perfektionieren. Just wenn Mama geht, kann er so tun, als habe er sich gerade erheben wollen – um sich danach mit extragutem Gewissen noch mal einzurollen ... »Edelmütiges Verhalten«, nennt der Autor das leicht ironisch. In seinem einfühlsamen Buch empfiehlt er den Eltern abwechselnd aufzustehen, so »dass beide zu möglichst viel Schlaf kommen«. Das Buch könnte man dem

Süßen mal zur Lektüre vorlegen. Oder vielleicht doch besser nicht, sonst bringt ihn das bloß auf dumme Gedanken.

Papas, die schlecht hören, haben übrigens oft auch noch andere Wahrnehmungsdefizite. Etwa, wenn sich das Kind morgens heiß anfühlt und man fragt: »Könnte das wohl Fieber sein?« – »Ach was«, folgt dem Handauflegen garantiert und ein aufmunterndes »Das bildest du dir nur ein!« zum Abschied. Das heißt natürlich nicht, dass ihm sein Nachwuchs nichts bedeutet. Wenn er abends hört, dass Frederick nicht bei der Tagesmutter war, weil das Thermometer den Verdacht bestätigte, dann ist Papa sogar ernsthaft in Sorge. Erhöhte Temperatur! Er findet, Mama solle in jedem Fall den Arzt konsultieren und die Bürotermine lieber auch morgen umdisponieren. Er selbst ist in der Firma leider unentbehrlich.

Der »Du kannst das doch viel besser«-Papi

Es gibt auch Papas, die behaupten, das alles müsse so sein, der Vater von Jule und Stina etwa. Er meint, die Natur habe es so eingerichtet, dass Mütter ihr Kind zuerst weinen hören. Und er denkt auch, nur Mamas hätten den Instinkt, Krankheiten zu antizipieren – vom Therapieren mal ganz zu schweigen. Nicht dass Papa sich nicht kümmern würde. Neulich lagen Jule und Stina fast eine Woche lang mit Rotznasen im Bett, da ist er eingesprungen. Einen ganzen Freitag lang hat er Pfannkuchen gebacken und Rolf-Zuckowski-CDs eingelegt. Nur Stinas Nasentropfen hat er vergessen.

»Bei mir brüllt das Kind dabei immer wie am Spieß«, sagt er. »Mama kann so etwas einfach besser.«

Mama kann das, aber diesmal weint Stina auch bei ihr. Sie hört gar nicht mehr auf zu weinen. Die Infektion hat sich ausgebreitet. Mittelohrentzündung! Das dritte Mal schon in diesem Jahr. Noch mehrfach tropft Mama die Nase in dieser Nacht und kocht zusätzlich Zwiebelsäckchen für Stinas Ohren.

Der Arzt verschreibt immer ein Antibiotikum, aber das geht diesmal wohl nicht. Am Wochenende ist die Praxis geschlossen. »Toll, was du an Hausmitteln kennst«, sagte Papa, als die entzündete Seite am Sonntagabend endlich zu eitern aufhört, »so eine Mutter ersetzt doch alle Doktoren.«

Papa lobt Mama überhaupt oft. Weil sie so wahnsinnig viel Geduld hat! Mama kann stundenlang mit den Mädchen um die Wette würfeln oder die Puppenküche ein- und ausräumen. Irgendwer muss es ja tun. Denn Papa sagt, mehr als zweimal »Schneckenrennen« hält er nicht aus, und Puppen lägen Frauen nun mal mehr als Männern.

Der »Außen hui, innen pfui«-Papi

Als Philipp auf die Welt kam, schien das Glück perfekt. Bei der Taufe waren Vater und Sohn unzertrennlich. Klaus wickelte fachmännisch und schwärmte vom »Duft, den ein Neugeborenes verströmt«. Er wusste, wie man das Kind bei Koliken halten muss, und auch sonst schleppte er den kleinen Kerl den ganzen Tag stolz herum. »Was du an deinem

Mann für eine Entlastung hast!«, sagten die Tanten zu Ines. Und Klaus prosteten sie anerkennend mit dem Sektglas zu: »Auf die modernen Väter!« Sie waren auch schwer beeindruckt, dass sich die Eltern mit der Betreuung abwechseln wollten. »Nach dem zweiten Kind machen wir fifty-fifty«, sagte Ines, die noch an ihrer Doktorarbeit schrieb. Klaus übernahm in der Zwischenzeit die väterliche Praxis.

Ein Jahr später war es so weit, Ines war wieder schwanger. Zur Geburt gab es noch einmal ein großes Fest. Nur mit der Arbeitsteilung danach klappte es nicht so recht. Klaus hatte sich in die Arzthelferin verliebt und zog aus. Seither holt er die Kleinen jedes zweite Wochenende – wenn kein Sonntagsdienst dazwischen kommt. Die Tanten waren tief betroffen.

Der Sonntags-Sunnyboy-Papi

Papa kommt bei Kindern einfach prima an. Alle Zwerge aus der Nachbarschaft finden es phantastisch, wenn ein Riese wie er für sie Faxen macht. Er muss nur seinen Kopf schräg und die Stirn in Falten legen, schon liegen sie ihm kichernd zu Füßen. Das war schon früher so, bevor er selbst Vater wurde. Wildfremde Kleinkinder blieben im Restaurant vor ihm stehen, nannten ihn »Papa« und wollten seinen Schoß erklimmen. Immer dachte er sich kleine Späßchen aus und steckte ihnen Süßigkeiten zu. Klar, dass so einer den ganzen Erziehungskram mit links packt. Und dass seine Frau darum so einen Aufstand macht, das kann er nicht verstehen.

Manuel und Max, seine Söhne, sind so wohlgeraten, findet er – die erziehen sich fast von selbst. Sie sind jetzt neun und sieben Jahre alt, und Papa ist einfach ihr Held. Zum Geburtstag schenkt er ihnen die tollsten Sachen. Die legt Mama dann auf den Gabentisch, denn leider ist Papa oft nicht da.

Aus Amerika hat er ihnen Cowboyhüte mitgebracht. Und neulich hatte er bestickte Kostüme für sie im Gepäck, für Karneval. Solche Anzüge tragen die Stierkämpfer in Spanien, sagt Papa. Er hat gar nicht gemerkt, dass die Hosen um die Hüften herum schon peinlich spannen. Er musste gleich wieder weg.

Wenn er am Wochenende zurückkommt, dann machen sie oft Papatag. Dann gehen sie zu dritt Pizza oder Pommes essen. Und statt Apfelsaftschorle wie zu Hause bei Mama trinken sie Cola satt. Mama darf das nicht wissen. Sie ist viel strenger als er, vor allem mit dem Essen. Sie kocht immerzu irgendwas mit Gemüse. Papa zieht dann meist eine seiner Grimassen. »Das bleibt unser Männergeheimnis«, sagt er und steckt ihnen zum Abschied Geld zu, weil auch er lieber ungesunde Sachen mag.

Der »Mit deinem Gehalt kommen wir nicht aus«-Papi

Lars und Bine kennen sich noch aus der Schule. Und schon damals redeten sie über Kinder. Es hat ein paar Jahre gedauert, schließlich wollten sich beide erst beruflich etablieren. »Klassische Rollenteilung kommt für uns nicht in Frage, ich will Babys und einen Beruf«, sagte Bine und schrieb erst einmal ein Einser-Abitur. Danach kam die Banklehre – auch dabei hatte sie die besseren Noten. Aber Lars war früher fertig, er war der Ältere. Alles lief nach Plan. Nach vier Jahren im Job wurde Bine schwanger. Sie erinnerte ihren nagelneuen Mann an sein altes Versprechen: »Du hast mehr Berufserfahrung, deshalb musst du aussteigen«, rechnete sie ihm vor. Doch Lars machte die Gegenrechnung auf: »Mit deinem Anfängergehalt allein kommen wir niemals aus.« Er selbst hatte gerade ein tolles Angebot. Er sollte für die Bank nach Frankfurt gehen. »Komm mit nach Frankfurt, das wird wunderbar«, sagte er und: »In drei Jahren werden wir weitersehen.« Aus drei Jahren sind inzwischen sieben geworden. Nach Luis wurde in Frankfurt noch die kleine Lea geboren. Demnächst kehren sie alle nach Hause zurück: Lars wird Filialleiter. Und Bine muss sich beruflich neu orientieren. In ihren alten Job kann sie jedenfalls nicht zurück, die Bank ist gerade dabei, ihre Abteilung wegzurationalisieren.

Männer im Gebärstreik

Es zeigt sich, den richtigen Mann zu wählen, ist leichter gesagt als getan. In nicht einmal fünf Prozent der Familien nutzen Männer die Gelegenheit, in Elternzeit zu gehen. Und wenn, dann lassen sie sich auch meist nach ihren Frauen und nur für kurze Zeit beurlauben. Die vollen drei Jahre nehmen nach Berechnungen des Bundesfamilienministeriums aus dem Jahr 2004 nur zwei von tausend Vätern.

Unter ökonomischen Gesichtspunkten betrachtet, ist dieses Verhalten sogar rational, kurzfristig zumindest. Denn so geht der Familienkasse erst einmal am wenigsten Geld verloren. Leider verdienen Frauen nämlich im Schnitt immer noch gut ein Fünftel weniger als gleich qualifizierte Männer! Und die Kindererziehungszeiten sorgen meist dafür, dass sich die Unterschiede noch verschärfen. Wer einmal aussetzt, verpasst Gehaltserhöhungen, hat beim zweiten Kind noch schlechtere Karten in der Diskussion mit dem Gatten und verliert am Ende den Kontakt zum Job. Weil Ehen aber scheitern können und selbst intakte Familien langfristig durchaus von einem zweiten Gehalt profitieren, lohnt es sich, die Sache gleich zu Anfang ausführlicher zu diskutieren!

Wenigstens die bewegten Männer der Republik müssten für eine Rollenteilung offen sein, so meint man – kämen nicht gerade aus ihren Reihen weitere Einwände.

»Macht Spüli impotent?«, fragt etwa Thomas Gesterkamp. In seinem Buch *Die neuen Väter zwischen Kind und Karriere* beklagt er nicht nur das »Softie-Klischee«, das dem Hausmann anhängt. Er beschreibt auch, wie schwer ein arbeitender Papa an der Doppelbelastung trägt. »Vor acht Uhr schafft er es auf keinen Fall, zu Hause zu sein (...) Tagesschau gucken oder Zeitung lesen, dazu hätte er jetzt Lust, aber das wird nichts. Katharina erwartet zu Recht, dass er sich (...) um die Kleinen kümmert (...) Um halb zehn schlafen die Kinder endlich.«

Berufstätigen Müttern werden die Schilderungen bekannt vorkommen. Nur mit dem Unterschied, dass sie zwischen Dienstschluss und Spätnachrichten meist noch schnell einkaufen, das Abendessen auf den Tisch zaubern und die letzten Vorbereitungen für den nächsten Kindergeburtstag treffen ...

Kein Problem, meint der Autor: »Mütter können relativ reibungslos in Elternzeit gehen und nach der Babypause eine Reduzierung ihrer Wochenarbeitszeit durchsetzen.« Gleichzeitig beschreibt er, wie Väter in diesem Fall behandelt werden, etwa der männliche Mitarbeiter einer Computerfirma, der nach der Geburt seines Kindes Teilzeit arbeiten will und von seinem Vorgesetzten doch tatsächlich mit einer »deutlichen Gehaltserhöhung« dazu bewegt werden soll, dies nicht zu tun.

Müssen wir nun Tränen des Mitleids für die armen Männer vergießen? Wer weiß, wie oft junge Mütter in Betrieben gemobbt werden und wie oft sie den Wunsch nach Teilzeit mit dem Totalverlust des Arbeitsplatzes bezahlen, wird solche Klagen ziemlich überzogen finden.

Sie zeigen aber: Männer sorgen sich durchaus nicht nur ums Familienein-, sondern auch um ihr eigenes Fortkommen. Sie fürchten den Karriereknick, und auch deshalb meiden sie das Thema Kindererziehung.

Das geht so weit, dass sich immer weniger Männer überhaupt Nachwuchs wünschen. Bei einer Umfrage des Bundesinstituts für Bevölkerungsforschung im Jahr 2005 gaben mehr als ein Viertel der Männer im Familiengründungsalter an, keine Kinder haben zu wollen. Deshalb ist es auch falsch, die demographische Entwicklung in Deutschland allein mit dem Gebärstreik der Mütter zu erklären. Es stimmt zwar, dass der Kinderwunsch auch bei den Frauen zurückgegangen ist. So wollten 1992 rund zehn Prozent, im Jahr 2005 dagegen schon fast fünfzehn Prozent der Frauen keine Kinder bekommen. Der begrenzende Faktor in den Familien, so zeigen die Zahlen, sind jedoch eindeutig die Männer.

Und was bedeutet das für uns Frauen und Mütter – rein statistisch und überhaupt? Dass wir dankbar sein dürfen, überhaupt eines der wenigen zeugungswilligen Exemplare unser eigen zu nennen? Und dass wir es besser nicht wagen, dem Teuren Pflichten zu übertragen, um ihn bloß nicht in die Flucht zu schlagen? In der Tat ist das in vielen Familien die Realität. Weil bei den Frauen die biologische Uhr tickt, während Männer Zeit haben, den Kinderwunsch reifen zu lassen, diktieren sie bei der Entscheidung für ein Baby oft die Bedingungen.

Und was um Himmels willen, wenn sich der Erzeuger erst im nachhinein als Windelmuffel outet? Dem Papa-Paradoxon bloß nicht zu schnell nachgeben!!! Nicht umsonst hat die Natur Kinder mit Kulleraugen, Stupsnasen und Patschhändchen ausgestattet. Das Kindchenschema weckt unsere Sympathie für Hundewelpen, Katzenkinder und Eisbärenbabys, und im Umgang mit Menschenjungen befördert es das Brutpflegeverhalten. Diesem Charme können sich auch Männer nicht entziehen, insbesondere wenn der kleine Zwerg ihre Züge trägt. Es gibt sogar Wissenschaftler, die behaupten, die Ähnlichkeiten seien mit Absicht ungerecht verteilt. Am Anfang gerieten die Kleinen eher nach dem Vater, um diesen für die junge Familie zu erwärmen.

Trotzdem fürchten sich viele Männer (und auch Frauen) gerade vor der Anfangsphase. Diese zeichnet sich dadurch aus, dass Kinder eigentlich ständig Milch, Windeln, Liebe oder Ansprache brauchen, dass sie häufig weinen, aber leider nie verraten, warum. Wer im Beruf klare Ansagen gewöhnt ist – am besten schriftlich und vorab –, der wird mit dieser Art von Kommunikation erst einmal Schwierigkeiten haben. Auch das erhöhte Maß an Körperlichkeit bereitet manchen Männern Probleme.

In den vielen Monaten der Schwangerschaft und Stillzeit bauen Mütter eine enge physische Beziehung zu ihrem Kind auf, vieles geht bei ihnen automatisch. Der Schlüssel dazu ist Oxytocin, ein Hormon, das die Geburt einleitet, die Milchproduktion stimuliert und die Frauen dazu bringt, den Nachwuchs zu umsorgen.

Dieser automatische Impuls fehlt Vätern. Allerdings lösen Berührungen mit dem Baby auch bei Männern Oxytocinschübe aus, weshalb sie sich keinesfalls auf der »natürlichen Eignung der Frau« ausruhen, sondern im Gegenteil besonders zupacken sollten. Das Kind zu füttern, zu wickeln und herumzutragen, kurbelt die Vatergefühle an. Deshalb ist es gerade für Männer wichtig, Hand anzulegen.

Möglicherweise hilft Unentschlossenen auch das neue Elterngeld auf die Sprünge. Seit 2007 bekommt jeder, der für ein Baby seinen Beruf ruhen lässt, siebenundsechzig Prozent seines Nettogehalts – und das steuerfrei. Davon profitieren alle, die nach der Geburt ein Jahr zu Hause bleiben –

also in der Regel die Frauen. Allerdings hat sich durch das neue Gesetz auch die Zahl der Väter im Familienurlaub erhöht. Zwar nehmen die Männer meist nur genau die acht Wochen frei, die nötig sind, um die Förderung von zwölf auf dann maximal vierzehn Monate zu strecken. Aber weil in Sachen Oxytocin jeder Tag an der Wiege zählt, lässt dies doch insgesamt hoffen.

Nun ist der Ball im Feld der Pädagogen. All die Anbieter von Streichel-, Sing- und Krabbelkursen geben vor, das Verhältnis zwischen Eltern und Kindern bessern zu wollen. Und doch finden ihre Unterweisungen meist zu Zeiten statt, die nur den Nicht-Berufstätigen die Teilnahme möglich macht, denen also, die sowieso ganztags Kontakt zum Kind haben. Ginge es der Mütterbeschäftigungsindustrie um mehr als ihr bloßes Geschäft, dann müsste sie ihre Kurse nicht von Montag bis Freitag, sondern bevorzugt Samstag und Sonntag abhalten – und von nun an auch als achtwöchiges Kompaktprogramm.

Wahrscheinlich allerdings wird sich Papa in der PEKiP-Welt anfangs ziemlich fremd fühlen. Fast alle Elternschulen haben wunderbare Wickelecken, doch dafür gibt es meist weit und breit keine Herrentoiletten! Die mollige Temperatur im Kursraum, die Pastelltöne, der mütterbewegte Ton – daran muss man sich erst gewöhnen. Vielleicht doch besser ein klassischer Säuglingspflegekurs? Waschen, Windeln, Wiegen. Alles, was das Papabewusstsein stärkt, verbessert auch die Symmetrie der Paarbeziehung.

Als Rabenmutter kann man eine Menge zur Vater-Kind-Beziehung beitragen – zum Beispiel, indem man den Mann einfach mal ranlässt: Manchmal sind es nämlich auch die Frauen, die ihre Männer durch allzu eifrig vorgetragenes Expertenwissen vom Wickeltisch vergraulen. Klar nässt die Hose schneller durch, wenn Papa Juniors Pullermann in der Windel nicht ordnungsgemäß nach unten bettet, aber ist das wirklich eine Katastrophe?

In einem Haushalt mit Kind müssen alle Beteiligten Großzügigkeit lernen. Statt um Großmutters Porzellan und Papas CD-Sammlung zu bangen, sollte man die Preziosen lieber eine Zeitlang auf den Dachboden verbannen.

Und bei der Hausarbeit gilt: je klarer die Arbeitsteilung, umso besser. Wenn einer lieber einkauft als staubsaugt, lieber abspült als kocht, dann geht das in Ordnung, solange sich die Lasten in etwa die Waage halten. Tun sie das nicht, gibt es schnell Stress.

Und lohnt es sich wirklich, sich übers Wischen und Waschen zu entzweien? Besser ist es, gemeinsam darüber nachzudenken, welche Arbeiten man nach draußen vergeben kann. Klar, Reinemachefrauen, Fensterputzer, Schneidereien und Wäschereien kosten Geld. Doch bevor zwei sich streiten oder einer den Job sausenlässt, ist es allemal besser, Entlastung zu organisieren. Selbst wenn die Kosten für Kinder- und Putzfrauen zeitweilig eines der beiden Gehälter aufzehren – was dank des deutschen Steuerrechts leicht passiert –, kann sich die Investition durchaus lohnen. Schließlich darf man nicht vergessen, dass die Phase, in der Kinder, Küche und Karriere um unsere Zeit konkurrieren – von Soziologen wie Hans Bertram »Rush-Hour in der Mitte des Lebens« genannt – nur wenige Jahre lang währt.

Schneller als uns lieb ist, werden die Kleinen groß und selbständig. Nur mit viel Glück werden wir sie jenseits ihres zehnten Geburtstages für Ausflüge und andere Familienaktivitäten begeistern können. Davor brauchen sie Mutter *und* Vater. Deshalb sollte man die knappe Zeit richtig nutzen.

Gleichzeitig gilt es, auf die Phase danach vorbereitet zu sein. Wer sich erinnert, wie die Generation der Nur-Mütter unter dem Flüggewerden ihrer Kinder litt, wird den Vollausstieg weder sich noch seinem Partner zumuten wollen. Auch deshalb ist ein schlichter Rollentausch, wie ihn die Frauenbewegung zeitweise forderte, nicht unbedingt eine hilfreiche Lösung: Statt der Mutter sitzt dann ein verlassener Vater depressiv zu Hause.

Wie also entzerrt man das Vereinbarkeitsproblem Küche, Kind und Karriere? Dass die Kinder für beide oberste Priorität haben – daran müssen die meisten Väter noch arbeiten. Auf die Karriere sollte keiner verzichten müssen – das lernen wir Frauen gerade. Und wo sollen beide dann Entlastung finden? Das geht eigentlich nur, wenn sie sich im Haushalt wenigstens vorübergehend Hilfe holen.

KAPITEL 6

Mamma, Maman, Okasan

WIE FAMILIEN IN ANDEREN LÄNDERN LEBEN

Italien: Nicht ohne meine Oma!

Italien ist ein kinderliebes Land. Das merken wir schon an dem freundlichen Lächeln, mit dem uns Italiener begegnen, wenn wir mit unseren deutschen Zwergen ihre Gaststätten aufsuchen. Eine Trattoria ohne Kinderstuhl? Undenkbar! Und wenn der Kleine, statt brav in diesem Stühlchen zu sitzen, lieber seinen Laster im Lokal ausfährt, kann der Wirt siebzehnmal um ihn herum balancieren, ohne nur im Mindesten die Geduld zu verlieren. Auch dass der Großen heute weder Pizza noch Pasta schmecken wollen, erträgt der Italiener ohne Grollen. Er ignoriert das Schmollen und spendiert der »Signorina« zum Schluss sogar noch ihr Lieblingseis!

Wenn Italiener Feste feiern, können wir Deutschen nur staunen. Dann tragen die Jungen Schlips und Kragen und die kleinen Mädchen die neueste Mode. Das hindert sie jedoch nicht daran, zu spielen und zu toben. Bis tief in die Nacht sind sie draußen unterwegs, für alle vollkommen normal.

Und wird ein neues Kind geboren, ist das erst recht ein Grund für ein Fest. Schon von Weitem kann man erkennen, welchem Haus solches Glück widerfuhr. Schleifen aus Taft und Tüll zieren die Tür. Sie sind blau oder rosarot, und so wissen die Freunde, Verwandten und Nachbarn auch gleich, in welchen Farben Lätzchen, Strampler und Decken willkommen sind.

Allerdings ist der Schleifenschmuck in den vergangenen Jahrzehnten immer seltener zu sehen. Egal, wie viele Kerzen die Omas und Tanten der Muttergottes auch stiften, egal, wie sehr der Papst im Vatikan die Verhütung verdammt – es kommen kaum noch Bambini auf die Welt. In Italien werden weniger Kinder geboren als in Deutschland oder irgendwo sonst auf dem Kontinent. Mit einer Geburtenrate von 1,3 Kindern pro Frau lag das Land 2004 – zusammen mit Spanien und Polen – ganz am Ende der europäischen Fruchtbarkeitsskala.

Frömmigkeit hat offenbar nur noch wenig mit Fruchtbarkeit zu tun. Zwar wünschen sich die jungen Italienerinnen sehnlich Kinder – einer Umfrage der Mailänder Zeitung *Corriere della Sera* zufolge lehnen nur zwei Prozent aller in einer Partnerschaft lebenden Frauen eine Mutterschaft ab. Von 2,2 Kindern träumt die italienische Durchschnittsfrau. Doch immer weniger Italienerinnen trauen sich, diesen Wunsch zu verwirklichen. Denn auf das zweite Einkommen können die Familien dort meist gar nicht verzichten. Das heißt, wenn irgendwo überhaupt ein Baby auf die Welt kommt, bleibt es oft ein Einzelkind.

Kinderreichtum bedeutet in Italien ein Armutsrisiko. Das

fängt schon bei der Babymilch an. Die gab es lange nur in der Apotheke – zu Apothekenpreisen, versteht sich. Inzwischen ist das Milchpulver zwar auch im Supermarkt zu haben, kostet aber immer noch doppelt so viel wie in Deutschland. Und Windeln und andere Babyprodukte sind ebenfalls teurer als im Ausland. Gleichzeitig gibt es kaum Kindergeld und andere finanzielle Förderung für junge Familien.

Auch in Sachen Kinderbetreuung ist Italien Entwicklungsland. Das ist schwer zu glauben, schließlich handelt es sich um das Land, in dem die berühmte Pädagogin Maria Montessori vor rund hundert Jahren ihr erstes »Kinderhaus« öffnete. In einem Arbeiterviertel Roms brachte sie Kindern sozial schwacher Familien die Grundlagen des Lebens bei. Bis heute legen Montessori-Pädagogen großen Wert darauf, dass Kinder die Welt mit Sinnen begreifen, dass sie ohne Dressur selbständig werden (»Hilf mir, es selbst zu tun«). Die bunten Perlen, die Holzklötze und -stäbe und alle anderen Requisiten der Reformpädagogin haben ihren Siegeszug um die Welt angetreten. In vielen Ländern Europas und selbst in Amerika wird nach ihrem Modell gearbeitet, in den Schulen und vor allem in Kindergärten. Denn nach Ansicht Maria Montessoris sind die ersten sechs Lebensjahre die wichtigste Phase, in der sich Persönlichkeit und Fähigkeiten eines Menschen formen.

In Italien selbst freut man sich zwar über die Anerkennung für die Pädagogin. Doch wer glaubt, dass nun jedem italienischen Kind entsprechende Frühförderung zuteil würde, hat sich getäuscht. Der italienische Staat investiert kaum in die Betreuung der Kleinsten. Nur 0,7 Prozent des

Bruttoinlandsproduktes werden dafür ausgegeben. Das ist weniger als in den meisten anderen europäischen Staaten, sogar weniger als in Deutschland (0,8 Prozent). Die Folge – es gibt kaum Kindergärten. Und auch die Kirche füllt die Lücke nicht im Mindesten. »Ideal und Realität klaffen so stark auseinander wie in kaum einem anderen Land«, sagt Professor Gian Carlo Blangiardo von der Universität Mailand.

In vielen Familien müssen deshalb die Großeltern einspringen. Schon früh am Morgen knattert Opa mit dem Panda los, um das Enkelkind abzuholen. Danach geht's mit Oma zum Einkaufen, zum Rheuma-Check und zum Friseur. Auf den Spielplätzen trifft man Kinder – und Großeltern. Nicht weniger als sechs von zehn Kleinkindern werden nach Erkenntnissen des Statistikamtes Istat bei der Nonna groß. Doch was auf uns wirkt wie italienische Idylle, ist nur der gelöste Teil des Problems.

Denn leider funktioniert das Modell selbst in Italien längst nicht in allen Familien. Wer keine Großmutter in der Nähe hat oder die *Nonnakratie* scheut, verzichtet notgedrungen auf Nachwuchs. Und diese Kinder fehlen dann – nicht nur in der Betreuungsstatistik.

Frankreich: Fruchtbare Feministinnen

Simone de Beauvoir gehört zu Frankreichs berühmtesten Dichtern und Denkern. Zahllose Romane und Essays veröffentlichte die Frau, die Jahrzehnte mit Jean-Paul Sartre verbrachte, sich aber zeitlebens weigerte, dem Philosophen die Treue zu schwören oder gar den Haushalt zu führen. In ihrem Buch *Das andere Geschlecht* politisierte sie gegen alle Arten der weiblichen Domestizierung. »Als Frau wird man nicht geboren, zur Frau wird man gemacht«, mahnte sie und warnte vor allem vor der »Falle der Mutterschaft«. Das Buch erschien 1949. Es begründete ihren Ruf als Feministin und machte weltweit Furore.

Den Politikern zu Hause allerdings kam es ziemlich in die Quere. Denn just zu dieser Zeit appellierten die mal wieder an die Fruchtbarkeit. Schon seit der Niederlage gegen die Deutschen 1870 experimentierte man in Frankreich in Sachen Bevölkerungspolitik, und nun, nach den zwei Weltkriegen, bangte das dünnbesiedelte Land endgültig um seinen Fortbestand. »Frankreich braucht zwölf Millionen Babys«, forderte Staatspräsident Charles de Gaulle im Jahr 1945. Doch er wusste, dass in solch delikaten Fragen mit Zwang wenig zu bewegen ist. Und so blieb der Politik nichts anderes übrig, als das Kinderkriegen attraktiv zu machen. Auch in den Jahrzehnten danach wurden die familienpolitischen Wohltaten Stück für Stück weiter ausgebaut.

Die Folge: Während die meisten anderen europäischen Länder mit sinkender Fruchtbarkeit kämpfen, wird in Frankreich heute fröhlich geboren. Das Land, das noch Ende des 19. Jahrhunderts die niedrigste Geburtenrate Europas aufwies, hat nun den Platz am anderen Ende der Skala inne: Durchschnittlich 2,1 Kinder brachten die Frauen hier im Jahr 2006 auf die Welt. Damit liegt Frankreich an der Spitze des Kontinents.

»Leben wie Gott in Frankreich‹ – dieser Ausspruch passt nicht nur zu Wein und Küche, sondern auch zur Familienpolitik«, urteilt Tanja Kuchenbecker. Die deutsche Journalistin lebt mit Mann und Kindern in Paris und hat gerade ein Buch geschrieben, in dem sie die Verhältnisse in Deutschland und Frankreich vergleicht. Die Erleichterung darüber, ihren eigenen Nachwuchs fern der Heimat großzuziehen, ist der Autorin deutlich anzumerken. Deutsche Frauen könnten eigentlich nur mit »Neid auf Frankreich blicken«, meint sie.

Das Füllhorn dort beinhaltet alles von Finanztransfers über Steuervorteile bis zum ganztägigen Schul- und Betreuungssystem. Vieles, worüber man in Deutschland noch diskutiert, existiert in Frankreich längst. Dabei wird dort gar nicht mal so viel mehr für Familienpolitik ausgegeben als bei uns. Statt 3,0 Prozent des Bruttoinlandsproduktes wie Deutschland investierte Frankreich 3,8 Prozent in die Familie. Doch die Wohltaten werden anders verteilt. Bildung und Betreuung statt staatlicher Almosen.

So fällt das Kindergeld geringer aus und wird auch erst ab dem zweiten Kind gezahlt. Das französische Elterngeld ist in der Regel ebenfalls niedriger als das deutsche. Dafür sind aber die Steuergeschenke umso üppiger. In Frankreich gilt statt dem Ehegatten- das Familiensplitting, das heißt, auch Kinder mindern die Steuerschuld. Außerdem kann man dort mehr Betreuungskosten absetzen. Durchschnittsverdiener zahlen deshalb in Frankreich ab dem dritten Kind kaum noch Steuern.

Deutlicher könnte der Unterschied zwischen Nachbarn

kaum ausfallen. Bei uns fördert die Familienpolitik die Ein-Kind-Familie mit Vollzeitmutter (und via Splitting oft auch kinderlose Alleinverdiener-Ehepaare). In Frankreich dagegen konzentriert sich der Staat auf kinderreiche Familien und fördert die Berufstätigkeit von Mann *und* Frau.

Auch in Sachen Betreuung ist der Staat seit langem aktiv. Ganztagsschulen – dazu zählt auch die Vorschule ab drei Jahren – gibt es schon seit weit über hundert Jahren. Damals sorgte man sich um die Bildung der breiten Massen und sah kostenlose Ganztagsbetreuung als probates Mittel an. Nicht in der Familie, sondern in der Kollektivität findet man die Kinder bis heute am besten aufgehoben. Das liegt sicher auch daran, dass dort die traumatische Erfahrung mit dem Totalitarismus fehlt, die Deutschland in der Zwischenzeit machte. Der Staat versteht sich als Erzieher, und die Eltern vertrauen ihm ihren Nachwuchs gern an.

Entsprechend kämpften die Mütter früh für eine Ausweitung der staatlichen Fürsorge. In den Siebzigern schon gingen sie auf die Straße, um die Betreuung für Kleinkinder und Säuglinge zu erstreiten. Im Ringen um Gleichberechtigung drohten die Frauen der Studentenbewegung dem Staat offen mit Gebärstreik. Selbst Nationalikone Simone de Beauvoir, die damals schon über sechzig Jahre alt war, beteiligte sich an der Kampagne. Zusammen mit über dreihundert prominenten Frauen bekannte sie öffentlich: »Ich habe abgetrieben.«

Das Ergebnis ist, dass die Frauen dort heute Kinder und Karriere leichter vereinbaren können. Sie kehren früher an ihren Arbeitsplatz zurück. Von Müttern mit Kindern unter fünf Jahren in Paarhaushalten arbeiten in Frankreich nach Erkenntnis der Bertelsmann Stiftung fast zweiundsechzig Prozent. In Deutschland sind es nur rund vierundvierzig Prozent. Und sie können leichter aufsteigen. Im Management sind Frauen in Frankreich mit fast dreißig Prozent vertreten, in Deutschland dagegen nur mit dreiundzwanzig Prozent, und die Vorstandsetagen der großen Dax-Konzerne sind sogar gänzlich frauenfreie Zonen.

Das heißt nicht, dass deshalb schon alle Französinnen glücklich wären. Viele finden den Alltag trotz aller Unterstützung anstrengend. Und manche sagen das sogar laut. Corinne Maier zum Beispiel. Die Autorin, Ökonomin und Psychoanalytikerin hat gerade ein Buch namens *No Kid* geschrieben, in dem sie die französischen Frauen auffordert, sich dem Fruchtbarkeitskult zu verweigern: »Der Geburtenrückgang ist unsere einzige Chance!« Schon die Niederkunft sei eine Qual, urteilt sie unverblümt, und danach machten Kinder ihren Eltern das Leben erst recht zur Hölle. Insgesamt vierzig Gründe führt sie an, warum man besser auf Nachwuchs verzichtet. Ihren beiden Kindern – sie sind im Teenageralter – dürfte das wenig behagen. Allerdings müssten sie wissen, dass ihre Mutter den Tabubruch liebt und nicht alles, was sie schwarz auf weiß niederschreibt, auch wirklich bitterernst meint. So provozierte die Autorin schon vor einigen Jahren mit einem Buch, in dem sie die andere Seite der Doppelbelastung beklagte. In *Bonjour paresse* verdammte sie die Arbeit und erklärte, wie man im Beruf am besten nur das Notwendigste tut. Als ihr Arbeitgeber, der Energiekonzern EdF, ihr daraufhin die Trennung vorschlug, setzte sie alle Hebel in Bewegung, ihren Job zu behalten.

Ihre Bücher sorgen in Frankreich stets für Medienrummel. Ob sie den Seelenzustand der Bevölkerung korrekt spiegeln, scheint jedoch eher fraglich. Umfragen zu Folge ist die Mehrheit der Franzosen familienorientiert. Während in Deutschland laut Allensbach rund sechsundzwanzig Prozent der Kinderlosen auch künftig keinen Nachwuchs wollen, ist die Quote in Frankreich mit dreizehn Prozent nur halb so hoch.

Auch Autorin Kuchenbecker vertritt die Ansicht, dass man dort das Leben mit Kind »einfach leichter« nimmt als bei uns. Das Einzige, was für Unmut sorge, sei die Tatsache, dass es neben 450 000 staatlich registrierten Tagesmüttern bisher »nur« für zwölf Prozent der Kinder unter drei Jahren Krippen gebe. Das ist insgesamt in etwa das Niveau, das die deutsche Familienministerin Ursula von der Leyen gerade mühevoll zu erreichen sucht. Vermutlich wird uns Frankreich allerdings bald wieder eine Nasenlänge voraus sein. Das Boykottbuch könnte dazu beitragen. Die Angst vor dem Gebärstreik hat in der französischen Familienpolitik noch stets ihre Wirkung getan.

USA: Babys vor allem im Boom

Schwer zu sagen, wie man sich die typische amerikanische Mutter vorzustellen hat. So wie Madonna vielleicht? Die weltberühmte Popsängerin, die im Mittleren Westen mit sieben Geschwistern und Stiefgeschwistern aufwuchs und inzwischen selbst eine große Familie hat? Zusätzlich zu zwei leiblichen Kindern adoptierte sie einen kleinen Jungen aus Afrika. Und damit es dem Nachwuchs an nichts mangelt, wenn Mama Musik macht, gehören dem Haushalt noch diverse Kinderfrauen beziehungsweise -männer an.

Oder wird die All-American-Mom vielleicht doch besser durch die First Lady verkörpert? Laura Bush, gelernte Bibliothekarin, hängte den Beruf an den Nagel, um ihre Töchter großzuziehen. Die lebenslustigen Zwillinge müssen sie zwischendurch ziemlich in Atem gehalten haben. Jenna und Barbara waren echte Partygirls und wurden – noch minderjährig – sogar wegen Alkoholmissbrauchs bestraft. Die Zeiten sind vorbei. Vermutlich werden sie die Präsidentengattin bald zur Großmutter machen. Als Vorbereitung darauf schrieb sie mit Tochter Jenna gerade ein Kinderbuch.

Oder muss man sich den amerikanischen Mütteralltag am Ende vielleicht doch etwas weniger glamourös vorstellen? So wie das Leben tausender Sekretärinnen, Verkäuferinnen und Postbotinnen, die tagein, tagaus darum kämpfen, Kinder großzuziehen und dabei gleichzeitig das Geld für deren Ausbildung zu verdienen?

In Deutschland verbringen werdende Mütter die Tage vor der Niederkunft damit, sich schon mal in die Still- und Waldorfliteratur einzulesen. Auch in Amerika gibt es Ratgeberlektüre: Nur geht es darin oft um viel profanere Fragen, zum Beispiel darum, wie lange die Babypause der Mutter maximal dauern darf, und wann man anfangen muss, Geld für Kinderfrau und fürs College anzusparen. Die Zeit vor der Niederkunft sei die letzte Gelegenheit, solche Dinge in Ruhe zu regeln, mahnt etwa die *Washington Post* ganz unromantisch auf einer Ratgeberseite und warnt werdende Eltern, ihr Sparschwein auf »einen schweren Schlag« vorzubereiten.

Bei einem Großteil der Familien dürfte das tatsächlich die Realität sein – und doch wachsen und mehren sie sich. Mit ihrer Fruchtbarkeit geben die Vereinigten Staaten den Sozialpolitikern weltweit Rätsel auf. Mit durchschnittlich 2,05 Kindern pro Frau übertraf Amerika 2004 fast alle Industrienationen der Welt. Die Geburtenrate lag für einige Jahre sogar über dem Wert Frankreichs – und das, obwohl die Familien vom amerikanischen Staat so gut wie keine Unterstützung bekommen. Öffentliche Kleinkindbetreuung gibt es in Amerika ebenso wenig wie Elterngeld und andere europäische Wohltaten.

Wie kommt es also, dass das Land trotzdem so viele Kinder hat? Einen guten Teil seiner Fertilität verdankt das Land Latinas und anderen Immigrantinnen, also Frauen, die in ihrem Heimatland noch weniger für sich und ihre Kinder zu erwarten hätten. Doch das erklärt nicht alles. Auch die weißen Amerikanerinnen, bei denen die Immigrationseuphorie schon Generationen alt ist, bekommen mehr Kinder als das Gros der Europäerinnen.

Für uns ist es schwer vorstellbar, dass Frauen, die schon unbezahlten Urlaub nehmen müssen, um die volle Wochenbettzeit zu Hause zu verbringen, sich für zwei oder mehr Kinder entscheiden. Doch genau das scheint der Fall. Immer schon war den Amerikanern die Familie eine Herzensangelegenheit. Und in den vergangenen Jahren gibt es einen auffälligen Trend zum Drittkind. Der *New York Observer* erklärte es gar zum »Statussymbol des Jahrzehnts«, das auf der Park Avenue mehr Respekt verschaffe »als eine Flotte Bentleys«. So bekamen im Jahr 2004 zehn Prozent mehr Amerikanerinnen ein drittes Baby als noch 1995.

Sicher ist es kein Zufall, dass die Fruchtbarkeitsrekorde mit einer Phase lang anhaltenden Wirtschaftswachstums zusammenfallen. Immer ist die Zeugung eines Kindes auch ein Zeichen von Zukunftsoptimismus. In Zeiten instabiler Ehen bekommen Frauen dann Kinder, wenn sie die Hoffnung haben, sie auch aus eigener Kraft ernähren zu können. In den achtziger Jahren etwa, als die amerikanische Konjunktur am Boden lag, unterschieden sich die Geburtenziffern deshalb kaum von denen in Europa. Die kritische Frage ist, ob die Fortpflanzungsfreude anhält, wenn es Amerika mal wieder schlechter geht.

Bisher gab es einen Mangel an qualifizierten Arbeitskräften. Frauen, die bei der Geburt eines Babys einen guten Job kündigten, konnten relativ zuversichtlich sein, Ersatz zu finden, wenn sie nach einiger Zeit wieder einsteigen wollten. Gleichzeitig ist die Suche nach Hauspersonal nicht so schwer. Unter den Immigranten und gerade Immigrantinnen der ersten Generation gibt es eine Menge Menschen, denen die Bildungsvoraussetzungen für gutbezahlte Bürojobs fehlen. Sie arbeiten meist als Gärtner, Putzfrauen, Tagesmütter oder Nannys. Sie tun es, um ihren eigenen Kindern später Schule und College zu bezahlen und den Weg in den ersten Arbeitsmarkt zu ebnen.

Und nicht immer geht es bei alledem völlig legal zu. Das Finanzamt erfährt selten von solchen Arbeitsverhältnissen – und wenn, dann meist nur per Zufall. So etwa bei Bernard Kerik, den Präsident George Bush vor einigen Jahren als Minister in seine Regierung holen wollte. Der Kandidat sagte ab. Der Grund: Sein Kindermädchen war unversteuert und ohne Arbeitserlaubnis bei der Familie tätig. Dass das kein Einzelfall ist, zeigt die Tatsache, dass Amtsvorgänger Bill Clinton aus genau dem gleichen Grund gleich zwei Ministerkandidaten einbüßte.

Was für Kabinettsanwärter ein Ausschlusskriterium ist, betrachten die meisten normalen Amerikaner dagegen eher als Kavaliersdelikt. Sie haben sich daran gewöhnt, dass der Staat sie in Sachen Familie nicht unterstützt, aber wenn sie ihre Kinderbetreuung privat organisieren, wollen sie den Fiskus nicht auch noch davon profitieren lassen.

Zu Hause zu bleiben und selbst zu kochen, putzen und den Kindern die Klötzchen hinterherzuräumen, scheint jedenfalls für die Mehrzahl der Frauen dort keine Alternative zu sein. Nicht nur in Sachen Fruchtbarkeit, auch bei der Frauenerwerbsrate gehört Amerika zu den Spitzenreitern. Während in Deutschland einundsechzig Prozent aller Mütter arbeiten gehen, sind es dort sogar zweiundsiebzig Prozent. Das alles erfordert häusliches Management und Zugeständnisse beim Privatleben.

Nicht alles, was zu Hause passiert, bleibt in einem Haushalt mit Nanny auch zuverlässig in den eigenen vier Wänden. Das musste selbst Madonna lernen. Nachdem sie sich von einer ihrer Kinderfrauen getrennt hatte, plauderte die öffentlich über die Marotten der Pop-Queen und erklärte deren Ehe mit Guy Ritchie für gescheitert.

Skandinavien: Neues aus Borlänge

Die Autorin Astrid Lindgren hat dafür gesorgt, dass sich Kinder aus aller Welt nach einer Kindheit in Schweden sehnen. Die jugendlichen Leser träumen davon, ihre Tage draußen zu verbringen und auch die ganze Nacht aufbleiben zu dürfen wie die Kinder beim Mittsommerfest in Bullerbü. Sie sehen sich mit einem Propeller auf dem Rücken durch Stockholm fliegen wie Lillebror und sein Freund Karlsson vom Dach. Und sie wünschen sich, allein mit einem Pferd in einer Villa zu leben und so stark und selbstbewusst zu sein wie Pippi Langstrumpf.

Erwachsene spielen in der Welt, die Astrid Lindgren beschreibt, nur eine Nebenrolle. Entweder sind sie früh gestorben wie Pippis Mutter oder auf einer Insel verschollen wie Papa Langstrumpf, oder sie müssen so hart auf dem Hof arbeiten, dass sie nicht wirklich beim Spielen stören können, wie die Eltern von Lisa, Lasse, Bosse, Britta, Inga und Ole.

Natürlich sieht die Welt in Wirklichkeit auch in Schweden anders aus. Die rauschende Mittsommernacht gibt es dort nur einmal im Jahr, nämlich zur Sonnenwende, wenn es auch nachts hell bleibt. Dafür ist der Rest des Jahres oft dunkel und kalt. Dann kann man in ganz Skandinavien auch tagsüber kaum draußen spielen. Und in dieser Zeit brauchen gerade Kinder ganz dringend jemanden, der ihnen heiße Suppe kocht, warme Socken bereitlegt und schöne Geschichten über den Sommer erzählt.

Nur sind das in Schweden nicht notwendigerweise immer die Eltern. Das Land lebt zwar nicht mehr von der Landwirtschaft, doch auch in der Industrienation Schweden sind die Erwachsenen oft schwer beschäftigt. Deshalb sind schwedische Kommunen verpflichtet, Kindern von einem Jahr an Betreuung zu garantieren. Mehr als drei Monate muss niemand warten. Etwa vierzig Prozent der Einjährigen und fast neunzig Prozent der Zweijährigen besuchen diese Krippen. Die Öffnungszeiten orientieren sich an den Arbeitszeiten der Eltern. Mancherorts sind die Kindertagesstätten deshalb sogar -nachtstätten.

Borlänge ist ein solcher Ort. Die wichtigsten Arbeitgeber der zweihundertfünfzig Kilometer nordwestlich von Stockholm gelegenen Stadt sind ein Stahl- und ein Papierwerk sowie eine große Klinik. Überall wird in Schichten gearbeitet – auch in der Krippe *Nattviolen*, die es schon seit zwanzig Jahren gibt. Damit die Kinder sich auch ohne Eltern zu Hause fühlen, bringen sie Bettzeug, Waschbeutel und Kuscheltiere in die Krippe mit. Beim Einschlafen legt sich die Kindergärtnerin dazu. Sie singt und krault die Köpfe der kleinen Schläfer.

Früher habe man zum Schichtwechsel spätabends auf dem Parkplatz vor der Fabrik Kinder in Autos sitzen sehen, erzählte die Vorsitzende des städtischen Schulausschusses, Mariann Nordlöf einem Reporter der *Süddeutschen Zeitung*. Mama kam von der Arbeit, Papa ging zur Schicht, und der eine übergab dem anderen die Kinder. »So geht es wirklich nicht«, sagt sie.

In den vergangenen Jahren reisten immer wieder deutsche Journalisten nach Skandinavien, um das Bildungssystem zu besichtigen. Der PISA-Schock sitzt tief. Deutsche Schüler schnitten nicht gut ab bei dem Lese-, Rechen- und Naturwissenschaftstest (»Programme for International Student Assessment«), den die OECD erstmals im Jahr 2000 für 15-Jährige aus aller Welt organisierte. Es zeigte sich, dass das Land der Dichter und Denker ins untere Mittelfeld abgerutscht ist. Italien und Griechenland, die Wiegen der abendländischen Kultur, erzielten sogar noch schlechtere Ergebnisse. Besser dagegen schlug sich Frankreich. Und richtig punkten konnten die Länder Skandinaviens, vor allem Finnland. Das Land, das mehr Elche als Einwohner hat, wurde damals zum Testsieger ausgerufen. Es zeigte sich, dass die Finnen auch in der Einöde in gute Schulen investieren und Kinder notfalls mit dem Taxi dorthin transportieren – alles auf Staatskosten, versteht sich.

Wie der PISA-Test 2006 deutlich machte, hat Deutschland inzwischen zumindest in den Naturwissenschaften etwas aufgeholt. Beim Lesen und Rechnen blieben die 15-Jährigen hierzulande aber weiterhin mittelmäßig. Auch zeigte sich, dass es Migranten bei uns nach wie vor besonders schwer haben. Der Wissensabstand zwischen Zuwandererkindern und Einheimischen ist in Deutschland nach wie vor größer als in jedem anderen OECD-Staat.

Bei der sozialen Mobilität liegt ganz generell der Norden Europas vorn. Das zeigen auch andere Studien. An der

Universität Darmstadt gibt es einen Soziologen, der so etwas misst. Er heißt Michael Hartmann. Seit vielen Jahren untersucht er, wie hoch die Wahrscheinlichkeit ist, dass etwa ein Arbeiterkind studiert und später Karriere in Politik oder Wirtschaft macht. Die Ergebnisse seiner Forschung sind niederschmetternd – zumindest für Deutschland. Kinder aus kleinen Verhältnissen haben es hierzulande schwer, aufzurücken. »Herkunft schlägt Leistung«, urteilt der Professor, der übrigens selbst aus gutbürgerlichen Verhältnissen stammt. »Was soziale Mobilität anbetrifft«, so urteilt Hartmann, »sind die skandinavischen Länder allen anderen Ländern Europas voraus!«

Oft wurde in den vergangenen Jahren darüber diskutiert, was deutsche Bildungspolitiker falsch und ihre Kollegen im Norden besser machen. Doch mit Schulreformen und der Ausrufung von Eliteuniversitäten allein ist es nicht getan, das wurde bald klar. Bildung muss schon früher anfangen. »Schon Ende der Neunzigerjahre haben wir veröffentlicht, dass Kinder, die in der Kindertagesstätte waren, mit einer höheren Wahrscheinlichkeit aufs Gymnasium gehen. Aber erst jetzt ist das Ganze in der politischen Debatte gelandet«, wundert sich Gert Wagner vom Deutschen Institut für Wirtschaftsforschung in Berlin. Krippen, früher gern als Verwahranstalten gebrandmarkt, rückten plötzlich in den Fokus des öffentlichen Interesses. Deshalb wurde Skandinavien auch auf einmal so interessant. Denn nirgendwo tut der Staat mehr für die Allerkleinsten.

Allerdings gibt es dort auch Kritiker des staatlichen Krippenwesens. Die schwedische Autorin Anna Wahlgren gehört dazu. Mit Ratgebern, die im Deutschen unter Titeln wie *Das Kinderbuch* und *Kleine Kinder brauchen uns* erschienen, ist die neunfache Mutter auch hierzulande keine Unbekannte. Und so schaltete sich die Schwedin denn auch wortgewaltig ein, als die Deutschen über Kindergärten debattierten. Anfang 2007 rief sie in einem Brief dazu auf, das skandinavische Modell auf keinen Fall als Vorbild anzusehen.

»Liebe Mütter in Deutschland«, schrieb die Schwedin darin, »(...) Deutsche PolitikerInnen, JournalistInnen, WissenschaftlerInnen werden nicht müde, das schwedisch-skandinavische Modell zur Nachahmung anzupreisen. Deshalb wende ich mich heute an Sie mit einer dringenden Warnung: Schweden ist kein kinderfreundliches Land! Kleine Kinder, ganztags fremd betreut, lachen wenig, sie spielen nicht frei, phantasievoll und unbekümmert (...) jedes dritte schwedische Kind leidet an einer psychologischen Störung. Depressionen, Alkohol- und Drogenprobleme unter Jugendlichen nehmen in beängstigender Weise zu. Jedes Jahr begehen 100 Kinder Selbstmord. Rettet Euren Kindern wenigstens die ersten drei Jahre! (...) Die Mutter ist Grundnahrungsmittel für ihr kleines Kind. Ihre Anna Wahlgren«

Publik wurde der Brief via Internet. Verschiedene deutsche Mütteraktivisten stellten ihn auf ihre Seiten, darunter zum Beispiel das »Familiennetzwerk«. Dabei handelt es sich um eine Organisation, die mit Kommentaren, Kongressen und Leserbriefaktionen einen Feldzug gegen den Ausbau der Krippen in Deutschland führt. Vom Sohn des britischen Uraltkinderexperten John Bowlby über Lafontaine-Ehefrau Christa Müller bis hin zu Ex-Tagesschausprecherin Eva

Herman kommen dort all jene zu Wort, die helfen könnten, Frauen heim an den Herd zu holen. Doch nicht immer haben die Aktivisten Glück mit ihren Aushängeschildern. Eva Herman sympathisierte öffentlich mit den Familien-»Werten« der Nazis und verwirkte so ihren Seriositätsanspruch in der familienpolitischen Debatte.

Auch mit Anna Wahlgren hatte das Netzwerk Pech. Journalisten des WDR und anderer Medien versuchten, ihre Klagen über die Zustände in Schweden durch Recherchen zu erhärten. Ohne Erfolg. Inzwischen distanziert sich das Netzwerk – wieder via Netz – mit dem Vermerk, »dass Wahlgren die von ihr genannten Zahlen nicht belegen konnte«.

Fakt ist, dass jugendlicher Drogenkonsum heute ein weltweites Problem ist. Bei jugendlichen Amokläufen sorgt das Internet rund um den Globus für Nachahmertaten. Und Deutschland mit seinen wohlbehüteten Mutterkindern liegt dabei mittlerweile direkt hinter Amerika, wie Jens Hoffmann vom Aschaffenburger Institut für Psychologie und Sicherheit erklärt. Ebenso beobachtet man fast weltweit eine Zunahme der Selbstmorde bei unter 15-Jährigen. Dafür gibt es verschiedenste Theorien von der zunehmenden Komplexität der Welt, bis hin zum früheren Einsetzen der Pubertät nebst aller verbundener Gefühlsschwankungen. Schweden blieb nicht verschont. 2,2 jugendliche Selbstmörder pro Million Einwohner verzeichnet die internationale Statistik im letzten Jahrzehnt des 20. Jahrhunderts für Schweden. Deutschland dagegen beklagte in diesem Zeitraum durchschnittlich 3,3 und Amerika sogar 5,3 Opfer pro Million Einwohner. Das heißt, bei aller Tragik, die jedem Einzelfall innewohnt, kam die Heimat von Pippi Langstrumpf insgesamt noch glimpflich davon.

Japan: Drill für Mutter und Kind

Auf dem Testfeld sind ein Pferd, ein Schwein, ein Löwe und eine Kuh zu sehen. Was ist falsch? Klarer Fall: Der Löwe hat sich unter die friedlichen Nutztiere verirrt. Doch was unterscheidet die vier Kinder, die in der letzten Zeile alle fröhlich die Hand zum Gruß heben? Selbst Erwachsene müssen nachdenken, bevor sie erkennen, dass das zweite Mädchen die einzige Linkshänderin unter den Winkenden ist.

Was wie ein Assessment Center für das Trainee-Programm einer Großbank aussieht, ist in Wirklichkeit die Aufnahmeprüfung für einen japanischen Kindergarten. Die Bewerber sind Jungen und Mädchen im zarten Alter von zwei bis fünf Jahren. Wer in Japan Karriere machen will, muss früh anfangen. Denn im straffen japanischen Ausbildungssystem wird von Anfang an ausgesiebt, und nur die Besten bekommen eine Chance, ganz nach oben zu klettern.

Die begehrten Arbeitgeber – Großunternehmen und die Ministerialbürokratie – rekrutieren ihre Mitarbeiter an einigen wenigen Spitzenuniversitäten. Wer dort einen Studienplatz haben will, sollte besser schon das Abitur an einer guten Schule gemacht haben. Die Weichen dafür werden wiederum in der Vorschule gestellt. Das erfordert großes Engagement – auch und gerade von den Müttern.

Lange Zeit endeten Arbeitsverträge weiblicher Angestellter automatisch mit deren Eheschließung. Das ist heute seltener geworden. Dafür erwartet man jedoch, dass eine Frau ihre Karriere freiwillig aufgibt, wenn ein Kind geboren wird. Schließlich ist es ein tagesfüllender Job, den Sprössling für die Schule fit zu machen.

Atsuko Yamada hat es geschafft: Ihr sechsjähriger Sohn übersprang bereits die ersten beiden Hürden. Nach drei Monaten im Paukkindergarten ergatterte der Kleine einen Platz an der begehrten Keio-Schule in Tokio: »Diese Schule wird meinem Sohn eine solide Bildung geben«, meint die Mutter erleichtert, als die Nachricht von dem Eliteinstitut eintrifft. »Jetzt kann ich auch mal wieder an mich denken.«

Ganz wörtlich ist das nicht zu nehmen. Alle Schulen erwarten zusätzliche Nachhilfe im Rechnen, Lesen und Schreiben. Letzteres ist eine besondere Herausforderung. Denn zusätzlich zu den vielen tausend chinesischen Zeichen, die man auch in Japan verwendet, gibt es noch zwei Hilfsschriften, die man braucht, um westliche Namen aufzuschreiben oder sich schnelle Notizen zu machen. All das zu pauken, ist Sache der Frauen. Jeden Tag wird der Tuschepinsel geschwungen, geduldig erklärt Mama dem Kind Strich um Strich. Und wenn es später trotzdem Probleme gibt, sucht sie andere, professionelle Tutoren. An Nachhilfeschulen mangelt es nicht.

Lohn der Liebesmüh ist, dass Japan bei internationalen Bildungsvergleichen recht gut abschneidet. Der Akademikeranteil an der Bevölkerung ist fast doppelt so hoch wie in Deutschland. Besonders dicht gesät sind die Techniker. Nirgendwo auf der Welt, so hat die OECD herausgefunden, gibt es einen höheren Anteil an Ingenieuren. Und bei den PISA-Studien landet der Inselstaat stets in der Spitzengruppe.

Das Ganze hat allerdings seinen Preis. Die Jugend in Japan ist anstrengend. Von einer 35-Stunden-Woche können die Schüler nur träumen. Häufig sieht man Jugendliche in der U-Bahn ein Nickerchen machen, weil ihnen auf dem Weg zwischen Schule und privater Nachhilfe einfach die Augen zufallen.

Von Anfang an versuchen die Mütter ihre Kinder deshalb auf zweierlei Weise fit zu machen. Einerseits werden die Kleinen schon im Sandkastenalter trainiert, um im Leistungswettbewerb mithalten können. Andererseits versuchen die Mütter, sie gerade am Anfang besonders zu verwöhnen, um ein Seelenpolster für die späteren Strapazen anzulegen.

Kinderwagen sind selten in Tokio, und das liegt nur zum Teil an der Enge der Gehsteige und U-Bahn-Stationen. Immer wieder sieht man Mütter, die noch Zwei- und Dreijährige auf dem Arm oder Rücken herumschleppen. Es gibt zu diesem Zweck sogar extra Jacken mit einer Ausbuchtung für das Kind – eine Art Umstandskleidung für die Zeit nach der Geburt. Körperkontakt wird groß geschrieben.

Das gilt auch beim Stillen. »Die Kinder werden ständig angelegt«, berichtet etwa Ulrike Le Guern, die als Hebamme immer wieder auch in Deutschlands größter japanischer Kolonie in Düsseldorf zu tun hat. Aus lauter Angst, das Kind könnte zu kurz kommen, täten die Mütter oft des Guten zu viel, meint sie. Man müsse sie regelrecht bremsen.

Allerdings scheint das mütterliche Verwöhnprogramm

nicht bei allen Kindern zu wirken. In den Schulen des stets auf Harmonie bedachten Landes hat die Aggressivität so zugenommen, dass es dafür sogar ein eigenes Wort gibt. »Ijime« nennen die Japaner das Mobbing unter Schülern. Immer wieder kommt es auch zu Selbstmorden. Sie sind dort sogar häufiger als in Schweden – und das, obwohl es in Japan wenig Kindergärten und so gut wie gar keine Krippen gibt.

Die Verantwortung für die Erziehung liegt allein bei den Müttern – und viele fühlen sich davon überfordert. Während verheiratete Japanerinnen 1940 noch durchschnittlich fünf Kinder zur Welt brachten, sank die Zahl bereits in den Siebzigerjahren auf unter zwei und befindet sich heute in etwa auf deutschem Niveau. Diese Entwicklung ist umso erstaunlicher, als Verhütung dort lange sehr schwierig war. Als letztes Industrieland ließ Japan 1999 die Pille zu. Dem waren jahrzehntelange Diskussionen vorausgegangen. Anfangs fürchtete man Nebenwirkungen, dann Aids, und immer bangte der Staat natürlich auch um die Geburtenrate. Eine wenig erfolgreiche Bevölkerungspolitik. Die Ergebnisse kann man bis heute besichtigen. Überall im Land gibt es Tempel, in deren Gärten kleine kahlköpfige Steinfiguren stehen – dicht an dicht, eine Reihe neben der anderen. Einige der Figuren tragen Lätzchen, andere rote Babymützchen, und manchmal liegt auch Spielzeug dabei. Dort gedenken die Japanerinnen ihrer abgetriebenen Kinder.

Welche Lehren ziehen wir daraus für Deutschland? Was lernen wir aus all dem für uns und unsere Kinder? Eigentlich nur, dass es bei einem komplexen Thema wie Familie keine einfachen Lösungen gibt. Verhütungsverbote helfen dem Vermehrungsdrang genauso wenig auf die Sprünge wie öffentliche Fruchtbarkeits- und Fürsorglichkeitsappelle. Ganz im Gegenteil! Je höher der Anspruch an die Mütterlichkeit – das zeigen die Erfahrungen aus so unterschiedlichen Ländern wie Italien und Japan –, desto niedriger die Fertilität.

In Demokratien gilt: Frauen gebären Kinder nicht auf Kommando und auch nicht, um dem Staat Soldaten, Arbeitskräfte oder auch nur Nachwuchs für die Rentenkasse zu schenken. Frauen bekommen Kinder, wenn sie glauben, deren Wohlergehen sicherstellen zu können.

Bei alledem verlassen sich Mütter offenbar ungern auf andere. Die Ehe ist keine eherne Institution mehr, die Scheidungsraten wachsen weltweit. Auch auf staatliche Almosen allein bauen Mütter ihr Familienglück nicht, wie wir in Deutschland schmerzvoll erfahren: Der Staat gibt jährlich Milliarden aus, und doch kommen kaum Kinder zur Welt. Denn die deutschen Hilfen waren bisher vor allem daraufhin ausgerichtet, Mütter vom Arbeitsmarkt fernzuhalten und sorgten so für Abhängigkeit.

Erfolgreicher sind dagegen Frankreich und die Länder Skandinaviens, in denen die Familienförderung darauf zielt, durch Kinderbetreuung Eltern in die Lage zu bringen, weiter am Erwerbsleben teilzunehmen. Umgekehrt zeigt das Beispiel Amerikas, dass Kinderreichtum auch ganz ohne staatliche Hilfe entstehen kann, solange Eltern die Zuversicht haben, ihre Existenz auf eigene Faust zu sichern.

Das heißt, Frauenerwerbstätigkeit und Kinderreichtum

schließen sich nicht etwa aus, wie rückwärtsgewandte Rhetoriker gern behaupten. Ganz im Gegenteil, wo mehr Frauen arbeiten, wo die Gleichberechtigung hoch ist, genau da werden besonders viele Babys geboren.

An dieser Stelle wird von den Ewiggestrigen gern das sogenannte Wohl des Kindes ins Spiel gebracht. Größen wie Glück sind schwer zu messen, weswegen man ersatzweise danach fragt, wie gut die Chancen eines Kindes auf Bildung und seelische Unversehrtheit sind. Auch hier ist der Ländervergleich hilfreich. Er zeigt, dass all die Staaten, die die Verantwortung allein den Eltern (will heißen: den Müttern) überlassen, an dem einen oder anderen Punkt Probleme bekommen. Im schlimmsten Fall vereinbaren sie sogar niedrige Bildungsergebnisse mit hohen Selbstmordraten, wie das in den USA der Fall ist. Dagegen schneiden Länder wie Schweden oder Frankreich, die frühzeitig in Betreuung investieren, insgesamt besser ab.

KAPITEL 7

Müttermuseum
WIE DIE KINDER FRÜHER GROSS WURDEN

Bauern, Bürger und Monarchen – beschäftigte Frauen, wohin man blickt

Deutschland ist das Land der Museen. Und dabei sind es nicht nur Künstler, deren Werke wir vor dem Vergessen bewahren. Die Vergangenheitsschau umfasst alle Bereiche des Lebens. Es gibt eigentlich alles vom Apotheken- übers Bienen- und Lese- bis hin zum Zinnfigurenmuseum.

Nur ein Müttermuseum gibt es noch nicht.

Das ist schade. Denn einerseits müsste deren Wirken dringend gewürdigt werden. Andererseits sind zu diesem Thema so viele Mythen im Umlauf, dass Anschauung dringend Not tut. Wann immer etwa Sozial- oder auch Bildungspolitiker über Krippen, Kindergärten oder -tagesstätten diskutieren, melden sich Menschen zu Wort, die meinen, dass Kinder ohne mütterliche 24-Stunden-Betreuung zu verwahrlosen drohen und dabei die guten alten Zeiten beschwören.

Dabei ist die Vollzeitmutterschaft eine relativ neue Erfindung. Immer schon verrichteten Frauen eine Vielzahl von Arbeiten in Haus und Hof, die sie mit der Aufsicht des

Nachwuchses vereinbaren mussten. Je weiter man zurückgeht, desto mehr Aufgaben lasteten auf Frauenschultern. Zum Thema wurde das alles jedoch erst, als die Arbeit begann, Herd und Acker hinter sich zu lassen.

»Der Mann muss hinaus ins feindliche Leben (...) Und drinnen waltet die züchtige Hausfrau, die Mutter der Kinder und herrschet weise im häuslichen Kreise (...)« Das, was Friedrich Schiller 1799 in seinem *Lied von der Glocke* beschrieb, ist die Schilderung eines damals auch in Deutschland gerade beginnenden gesellschaftlichen Trends. Denn mit der Industrialisierung im 18. und 19. Jahrhundert trennten sich Wohn- und Arbeitsplatz. Erst gingen die Männer in die Fabriken. Kurz darauf folgten ihnen die Frauen, was zu der Frage führte: Wohin mit den Kindern? Damals wurden die ersten sogenannten Kinderverwahranstalten gegründet. Deren pädagogischer Anspruch ging nicht über das hinaus, was der Name versprach: Verwahren. Das hat die außerhäusliche Betreuung auf Dauer in Verruf gebracht.

Erbarmungswürdige Kinder mit vollen Windeln und leeren Mägen, die in Zehnerreihen im Gitterbettchen schreien oder apathisch an Laufstallstäben rütteln. Dieses Bild der organisierten Vernachlässigung wirkt bis zum heutigen Tag. Und das, obwohl in den Kindergärten inzwischen längst Kleingruppen-Kuschelpädagogik angesagt ist und es dem Nachwuchs in Deutschland – Hort- und Krippenkinder ausdrücklich eingeschlossen – nie besser ging als in der Gegenwart.

Die Zeiten vor der Industrialisierung waren nämlich nicht ganz so idyllisch, wie man heute gern propagiert. Die Mütter waren schwer beschäftigt. Für Babymassage, Säuglingsgymnastik und dergleichen fehlten ihnen Muße und Zeit. In unserem Müttermuseum würde die altdeutsche Bäuerin realistischerweise als Frau dargestellt, die außer ihren zehn Kindern auch noch Haus und Garten sowie Federvieh und im Idealfall Kühe und Schweine zu versorgen hat. Zwar gab es meist unverheiratete Verwandte, die als Mägde und Knechte mithalfen, aber dafür musste ja auch noch gebuttert, gesponnen, gestrickt, gewebt sowie Holz und Wasser geholt werden. Das heißt, die Erwachsenen mussten die Hände frei haben. Die Jüngsten wurden deshalb von Kopf bis Fuß in Tücher verschnürt – ungefähr so, wie wir das aus den Darstellungen des kleinen Jesuskindes kennen. Die Verpackung auf diesen Bildern ist nicht etwa ein Schmuck zu Ehren des Gottessohnes oder ein Zugeständnis an die zugigen Verhältnisse im Stall von Bethlehem. Dort war es eher wärmer als in den Wohnstuben Europas, weshalb auch dort jahrhundertelang alle Mütter ihre Säuglinge in Windeln wickelten, und das möglichst fest. Sie taten es, um das Kind vor dem Auskühlen zu schützen – und um sich selbst Arbeit zu sparen. Denn in der Regel wurde das Paket nur morgens und abends geöffnet. Die Muskeln trainieren konnten die Säuglinge so zwar nicht, was aber niemanden störte, solange sie still waren. Zu diesem Zweck wurden sie in eine Wiege gelegt. Wer vorbeikam, hielt diese in Schwung und den Nachwuchs bei Laune.

Für die etwas älteren Geschwister gab es einen Hängesitz aus Leder, der von der Decke herabhing. Was aussieht wie eine lustige Schaukel, sollte in Wirklichkeit eher den Bewegungsspielraum einschränken und verhindern, dass sich Krabbelkinder dem Feuer nähern. Einem ähnlichen Zweck dient der Hochstuhl, der oft mit Tischchen und Topf ausgestattet war, so dass sie dort auch Mahlzeiten einnehmen und ihr Geschäft erledigen konnten, ohne dass man sie umplazieren musste. Wurden die Kinder mobiler, setzte man sie in sogenannte Gehschulen, kleine Gitterkäfige mit Rädern, mit denen das Kind die ersten Schritte ohne fremde Hilfe machen konnte.

Daran sieht man, dass selbst die Kinderpflege nicht frei von Moden ist. Das großflächige Wickeln etwa, das zwischendurch völlig in Verruf geraten war, erfreut sich inzwischen wieder großer Beliebtheit. Namhafte Kinderpsychologen wie etwa Jirina Prekop aus Lindau fordern plötzlich, Säuglingen Stabilität in Form einer »Hülle« zu geben und empfehlen die überlieferte Wickeltechnik.

Das alte Verfahren hat einen neuen Namen bekommen: Pucken. Und interessierte Mütter holen sich die Anleitung inzwischen aus dem Internet. »Wegen der angenehmen Wärme schlafen gepuckte Babys meist besser ein«, liest man etwa bei www.eltern.de zum Bild eines friedlich schlummernden Säuglings. »Gerade Neugeborene haben keinen Drang zum ungehinderten Strampeln, sondern bevorzugen eine begrenzte Umgebung, wie sie es aus dem Mutterleib gewohnt sind.«

Umgekehrt findet man im Internet jedoch zahllose Warnungen vor den Knochenbrüchen und Kopfverletzungen, die sich Kinder in Lauflernwagen zuziehen können. Aus Sicherheitsgründen beurteilte die Stiftung Warentest vor einigen Jahren alle gängigen Gehhilfen dieser Art als mangelhaft.

Der Gefahren scheint man sich auch früher durchaus bewusst gewesen zu sein. Auf alten Holzschnitten und Bildern flämischer Meister findet man deshalb oft Kinder mit eigentümlichen Helmen aus Lederrollen oder Stoffwülsten am Kopf. Diese sogenannten Fallhüte sollten verhindern, dass sich die Kleinen bei ihren unbeaufsichtigten Gehversuchen die Köpfe aufschlugen.

Außerdem sieht man an ihren Jackenärmeln Schellen und Glöckchen hängen. Diese dienten nicht etwa dazu, den Nachwuchs zu erheitern, sondern sollten den vielbeschäftigten Eltern helfen, kleine Ausreißer zu orten.

Sobald die Kinder sicher auf den Beinen waren, entspannte sich das Aufsichtsproblem weiter. Ab da hielt man sie mit Hilfsdiensten auf Trab. Die Jungen mussten Reisig und Tannenzapfen fürs Feuermachen sammeln und sich ums Kleinvieh kümmern. Die Mädchen machten sich beim Erbsenpulen, Linsensortieren und Wollewickeln nützlich. Und – kaum selbst den Windeln entwachsen – betreuten sie schon die Wiege mit den jüngeren Geschwistern.

Die Eltern waren bei all dem weniger präsent, als man das bei der räumlichen Enge in den alten Bauernhäusern vermuten würde. Von März bis Oktober, wenn Arbeit auf dem Feld anfiel, bekamen die Kinder Mutter und Vater kaum zu Gesicht. Nur das Allerjüngste wurde zum Stillen mitgenommen und baumelte ansonsten irgendwo am Feldesrand in einem Körbchen in den Zweigen. Daher stammt auch der Ausdruck »Ich kannte ihn schon, als er noch am

Baum hing«. Die übrigen Kinder blieben zu Hause unter der Obhut von Schwestern oder Großmüttern, bis sie kräftig genug waren, selbst auf dem Feld mit anzupacken. Schließlich wurde jede Hand gebraucht.

Neben der Bauernstube müsste man in einem Müttermuseum natürlich auch einen Trakt für den Adel einrichten. Dort wären die Gewänder feiner, die Möbel zierlicher und die Polster weicher.

Allerdings gäbe es in den Gemächern der Mütter so gut wie keine Spuren von Kindern. Zwar legte der Adel aus dynastischen Gründen durchaus Wert auf Fruchtbarkeit, aber beim Regieren und Repräsentieren durfte der Nachwuchs nicht stören.

In dem Kinoepos *Sissi*, das Mitte der Fünfzigerjahre zum Kassenschlager wurde, stellt die Gattin des österreichischen Kaisers zu ihrem Entsetzen fest, dass man sie ihrer Kinder beraubt hat. Schuld ist die verhasste Schwiegermutter, Erzherzogin Sophie, die die Erziehung des kaiserlichen Nachwuchses nicht der Mutter überlassen will. In dem Film wurde viel geklittert, dramatisiert und geschönt. Was Romy Schneider in ihrer Mutterrolle widerfährt, ist jedoch kein dramaturgischer Trick. Tatsächlich wuchsen in den meisten Fürstenhäusern Europas – und so auch bei den Habsburgern – die Kinder ohne ihre Eltern auf.

Das beweist unter anderem das Tagebuch der echten Erzherzogin Sophie. Darin erzählt sie auch ausführlich von der Kindheit ihres Sohns, des späteren Kaisers Franz Joseph: Sie schreibt, wie er in seinem ersten Lebensjahr der Pflege einer Amme anvertraut wurde, wie er mit vier Jahren im blauen Samtjäckchen bei Hoffesten repräsentierte und wie er als Sechsjähriger schließlich Abschied von der Kinderfrau nimmt und in ein eigenes Apartment einzieht: »Der junge Erzherzog erhält nun seine eigene Kammer, die neben Erziehern einen Kammerdiener, einen Kammerjungen, zwei Leiblakaien, einen Zimmerputzer, einen Hausknecht und ein Kammerweib umfasst. Auf seinen Diener ist Franzi ganz besonders stolz.«

Und nicht nur beim Hochadel gab es so viel Hauspersonal. Wie die Volkskundlerin Ingeborg Weber-Kellermann in ihrem Buch *Kindheit – eine Kulturgeschichte* zeigt, beschäftigten auch weniger bedeutende Geschlechter oft gleich mehrere Gouvernanten, Ammen und Hauslehrer. »Von meinen Eltern«, so wird dort etwa Marie zu Erbach-Schönbach zitiert, »erinnere ich mich nicht viel in jenen Jahren; wir Kinder lebten mit Adele und der Bonne, erst Evi, die alte Kinderfrau, später Hortense, eine Schweizerin und Harriet, eine Engländerin, ganz für uns. Papa sahen wir meist in Uniform und zu Pferde – vor Mama fürchteten wir uns immer etwas, weil sie streng war und verlangte, dass wir französisch mit ihr sprächen.« Und Marie von Bunsen klagt: »Da immer neue Geschwister ankamen, wusste die Erzieherin von uns mehr als die in Anspruch genommenen Eltern.«

Bei alledem hatte der Nachwuchs noch Glück, wenn er überhaupt die ganze Kindheit im Elternhaus verbringen durfte. Ganz früher schickte der Adel seine Söhne und Töchter als Pagen oder Zofen zur Ausbildung an andere Fürstenhäuser. Später wurden die Knaben mit zehn oder elf Jahren auf die Kadettenanstalt geschickt, um sich dort den ersten militärischen Schliff zu holen. Friedrich Wilhelm I. etwa gründete im Jahr 1716 das Preußische Kadettencorps mit mehreren Anstalten in der Provinz und der Abschlussklasse in Berlin. Ganz ähnliche Internate zur Ausbildung der jungen Offiziere unterhielten auch Sachsen, Bayern und Österreich-Ungarn.

Das Bürgertum ahmte den Adel nach, so weit es die Verhältnisse zuließen. So wurden die Söhne reicher Kaufleute ähnlich wie die adeligen Pagen in andere Patrizierhäuser geschickt. Dort lernten sie die Qualität von Samt und Seide, Gewürzen und anderen Waren zu bestimmen und eigneten sich die neuesten Buchhaltungskniffe an. Die Handwerkerkinder verließen ihr Elternhaus ebenso früh, um sich von einem fremden Meister in die Geheimnisse der Zunft einweihen zu lassen. Schließlich gab es damals weder Berufsschulen noch BWL-Fakultäten.

Auch bei der Betreuung der Allerkleinsten orientierte sich das Bürgertum am Adel. Die reichen Kaufmannsfamilien beschäftigten Ammen und Kinderfrauen, die weniger Wohlhabenden gaben ihre Babys zu sogenannten Säugammen. Diese versorgten dann meist gleich den Nachwuchs mehrerer Familien. In seinem Roman *Madame Bovary* beschreibt der französische Autor Gustave Flaubert ein solches Betreuungsverhältnis. Berthe, die kleine Tochter des Landarztehepaares Bovary, kommt zu einer Amme in Pflege, die auch das Kind des Mützenmachers und ein drittes Baby betreut.

Luthers Lehre, Hitler und das *Lenor*-Gewissen: Die Mutterschaft wird zum Vollzeitberuf

Für uns heute liest es sich befremdlich, dass eine junge Mutter ihr Kind direkt nach der Geburt weggibt und nur alle paar Wochen besuchen kommt, wie das im Fall der Madame Bovary geschildert wird. Doch nicht nur in Frankreich, sondern auch in Deutschland scheint das früher eher die Regel als die Ausnahme gewesen zu sein. Der Autor Flaubert sah das wohl schon damals kritisch. Er schildert seine Hauptfigur als herzlose Frau, die mit ihrem Ehrgeiz und ihren Eskapaden am Ende sich und ihren Mann in den Tod und ihr Kind in den Ruin treibt. Eine echte Rabenmutter – und das, obwohl sie keinem Beruf nachgeht und ihre Laster umgekehrt eher der Langeweile und intellektuellen Unterforderung zu entspringen scheinen.

Flauberts kritischer Roman erschien im Jahr 1857 – einer Phase des Umdenkens. Vor allem die bürgerlichen Frauen fingen im 19. Jahrhundert an, sich mehr und mehr auf ihre Mütterrolle zu besinnen.

Die Industrialisierung war in vollem Gang – mit den oben bereits erwähnten Folgen für das Leben der Arbeiter und Arbeiterkinder. Pfarrer, Pädagogen und vor allem Ärzte begannen sich damals Gedanken über das Kindeswohl zu machen. Sie schrieben die ersten Ratgeberbücher mit Anleitungen zum Thema Kleidung, Nahrung und Erziehung.

In Deutschland entstanden reihenweise sogenannte Höhere Töchterschulen. Im Gegensatz zu den Höheren Schulen, die Jungen auf das Studium vorbereiteten, wurde dort neben Kochen und Handarbeiten auch Kinder- und Säuglingspflege gelehrt. Die Töchter der Großbürger besuchten vornehme Mädchenpensionate. Dort dürfte zwar das Sticken und Musizieren eine größere Rolle gespielt haben als das Stillen, Stricken und Sockenstopfen, aber auch in den Eliteinternaten ging es weniger um intellektuelle Bildung als um die Vorbereitung auf häusliche Frauenpflichten.

Selbst der Adel entzog sich dem Trend nicht. Königin Luise etwa wurde deshalb als eine Art preußische Madonna verehrt. Die schöne Frau passte perfekt ins Bild der neu aufkommenden Werte. Mit nur siebzehn Jahren heiratete sie den späteren König Friedrich Wilhelm III. und schenkte ihm zehn Kinder, bevor sie 34-jährig starb. Luise duzte ihren Mann, und es soll sich bei den beiden sogar um eine – damals eher seltene – Liebesheirat gehandelt haben. Weil der König das Berliner Stadtschloss zu pompös fand, blieb die Familie lange im nahe gelegenen, kleineren Kronprinzenpalais wohnen. Die Sommer verbrachte man in einem umgebauten Herrenhaus in Paretz und spielte Bürgerfamilie. Dass die Königin ihre vielen Kinder dort alle selbst wusch und wickelte, ist unwahrscheinlich. Doch allein die Tatsache, dass sie ihnen Zeit widmete, hob sie von anderen adeligen Müttern ab.

In einer Phase, in der Preußen die Niederlage gegen Napoleon und den Verlust des halben Staatsgebietes zu verkraften hatte, bot sich eine solche Königin als Identifikationsfigur fürs breite Volk an. Vor den Franzosen floh sie mitsamt der Familie ins winterliche Ostpreußen. Kurz nach der Rückkehr erlag sie einem Herzleiden. An gebrochenem Herzen sei sie gestorben, hieß es bald darauf. Die Legendenbildung schritt fort. Der trauernde König entfesselte mit Skulpturen, Orden und Gedenkveranstaltungen zu Ehren der Toten eine nationale Bewegung, die der Kunsthistoriker Philipp Demandt »Luisenkult« nennt. Dabei nahm die Landesmutter posthum immer mehr mütterliche Züge an. Die bürgerlichen Bildungsstätten hießen fortan in vielen Städten Luisenschulen. In Zeitungen, auf Postkarten, überall trafen die Untertanen auf die verstorbene Luise. Selbst bei den profansten Tätigkeiten begegnete sie ihnen – in patriotischen Haushalten zeigten um die Jahrhundertwende selbst Geschirrhandtücher dezent eingewebt das Konterfei der toten Königin.

Das Bild sollte die Deutschen noch bis in die Nazizeit verfolgen. Beim Bund deutscher Mädel galt die fruchtbare, duldende Mutter als Vorzeigefrau. Und das Winterhilfswerk verschenkte als Gegenleistung für Spenden nicht nur hölzerne Märchenfiguren, sondern auch ein Büchlein mit Durchhalteparolen aus dem Mund der verblichenen Monarchin.

Unter Adolf Hitler kulminierte der Mütterkult. Allerdings nicht etwa der »Familienwerte« wegen, wie Verblendete meinen (siehe Kapitel 3). Das Regime brauchte Kanonenfutter für den Krieg. Deshalb verlieh es mehrfach gebärenden Frauen das Mutterkreuz. Dass die vielen Kinder in dieser Zeit wenig zu essen hatten, dass sie ohne Vater groß werden mussten – das alles kümmerte Hitler wenig. Den Nazis ging es in der Kinderfrage vor allem um Masse und Rasse.

Kurz nach der Machtergreifung wurden nicht nur alle jüdischen, sondern auch alle weiblichen Beamten aus dem Staatsdienst entlassen – die Juden, weil man sie als minderwertige Menschen ansah, die Frauen zur Vermehrung der arischen Art. Die deutsche Frau hatte ihre Aufgabe fortan in der Fortpflanzung zu sehen und möglichst viele blonde, blauäugige Kinder zu gebären. Die Nationalsozialistin Mathilde von Kemnitz-Ludendorff meinte dazu, deutsche Frauen hätten es gar nicht nötig, sich zu emanzipieren, sie müssten lediglich die »hohe Stellung im Volke und in der Familie« zurückerhalten, die sie bei den alten Germanen innehatten. Damals seien die Frauen den Männern in ihrem »stark ausgeprägten Stolze und den heldischen Zügen« ebenbürtig gewesen.

Solche Phrasen lieferten die ideologische Verbrämung für die Verbannung an den Herd. Und während der Nazizeit hätten Mütter ziemlich mutig sein müssen, um sich gegen all das zu wehren. Interessanterweise haben sie aber nicht einmal danach gegen die eindimensionale Rolle aufbegehrt.

Nach dem Krieg änderte sich nämlich fast alles – außer dem Frauenbild. Natürlich gab es eine Zwischenphase, in der die Trümmerfrauen harte körperliche Arbeit leisteten, um die Zivilisation wiederherzustellen. Doch als die Kriegsruinen geräumt und die Männer aus der Gefangenschaft heimgekehrt waren, zog sich die Mehrzahl der deutschen Frauen wieder brav in die Familie zurück.

In einer Welt, die vom Wiederaufbau und gleichzeitig vom wachsenden wirtschaftlichen Wettbewerb geprägt war, wahrte die Mutter die Idylle zu Hause. Die Frau, die auf eigene Erwerbstätigkeit verzichtete und ohne Entlohnung für die Familie schuftete, war die Hüterin des Guten, Schönen und Reinen.

Wirklich aufregend war diese Rolle allerdings nicht. Denken wir an die Frauen dieser Zeit, so haben wir Frauen vor Augen, die sich darüber Gedanken machen, ob das Bettzeug weiß und die Frottierwäsche weich genug ist für die Familie, und ob der Kaffee für die Konfirmationsfeier gut genug ist. Die Werbungen von *Ariel*, *Lenor* und *Jacobs* prägen das Bild einer Epoche, die keine ernsteren Probleme zu haben schien. Möglicherweise empfanden es manche Frauen nach den existenziellen Sorgen der Kriegszeit auch tatsächlich als Luxus, sich den Kopf nun zur Abwechslung über Banalitäten zu zerbrechen. Die werbetreibende Wirtschaft wusste das zu nutzen und schickte die Klementine, Frau Sommer und das *Lenor*-Gewissen ins Rennen.

Die Frage ist, warum in der Politik keiner Alternativen aufzeigte. Schließlich herrschte nach dem Krieg noch einige Zeit Mangel an Arbeitskräften. Immerhin durften Frauen ab dem Jahr 1957 erstmals ohne die ausdrückliche Erlaubnis ihres Ehemanns erwerbstätig sein – allerdings nur solange sie die Familienpflichten nicht vernachlässigten. Ab 1977 gestand das Bürgerliche Gesetzbuch beiden Partnern das gleiche Recht auf Beruf zu und legte auch fest, dass beide umgekehrt die gleichen Pflichten im Haushalt haben – zumindest theoretisch. In dieser praktisch leider noch nicht voll verwirklichten Weichenstellung erschöpfte sich das Reformpotenzial der Politik für viele Jahre.

Die Grünen setzten die Frauenpolitik schon bei der Gründung auf die Agenda – nach Umweltschutz und Abrüstung. Allerdings stritten die Ökopaxe dann lange und ausführlich darüber, ob Frauen tatsächlich *gleiche Rechte* und damit auch *gleiche Pflichten* wie Männer (Wehrdienst!) haben sollten, oder ob man das weibliche Wesen als wertvolles Korrektiv der männlich-martialischen Welt und damit einfach als *gleichwertig* betrachten solle.

Der Streit kulminierte, als die zweite Fraktion im sogenannten Müttermanifest forderte, Frauen für die Arbeit mit ihren Kindern zu entlohnen. Eine solche Diskussion hatte es Jahrzehnte vorher schon in der Union gegeben. In ihrem Buch *Die deutsche Mutter – Der lange Schatten eines Mythos* erkennt Autorin Barbara Vinken darüber hinaus Parallelen zu den Auseinandersetzungen der bürgerlichen Frauenbewegung – bei der es erstmals um einen Hausfrauenlohn ging. In ihrem Buch beschreibt sie ausführlich, wie sich zu Beginn des 20. Jahrhunderts die verschiedenen Frauenverbände bekämpften – und sich so gegenseitig schwächten. Auch Parallelen zur aktuellen Politik werden deutlich. Denn fast hätte die Forderung nach einer Ausgleichszahlung für Mütter, die ihre Kleinkinder selbst betreuen, die Krippenausbaupläne der Kanzlerin torpediert.

Ausländern mag diese Debatte seltsam erschienen sein. Denn gerade vorher hatte die Regierung ein Elterngeld von bis zu 1800 Euro monatlich eingeführt. Darüber hinaus profitieren Familien hierzulande vom Steuersplitting, Kindergeld der kostenlosen Krankenversicherung und anderen Wohltaten. In wenigen Ländern der Welt bekommen Familien vom Staat mehr Geld als in Deutschland. An finanzieller Unterstützung mangelt es nicht, eher an Möglichkeiten als Mutter selbst Geld zu verdienen.

Wie kommt es, dass Deutschland seit mehr als hundert

Jahren über Frauenfragen diskutiert, während man in anderen Ländern die Gleichstellung einfach realisiert? Wie kommt es, dass die Mütter früher auch hierzulande selbstverständlich ihren Pflichten in Haus und Hof nachgehen konnten, während sie sich heute fast für eine Erwerbstätigkeit entschuldigen müssen?

Barbara Vinken sieht den Grund für das alles im Protestantismus. Ihrer Ansicht nach trägt Martin Luther die Hauptschuld an der Misere der Mütter. Der Reformator wetterte nicht nur gegen den Ablasshandel der katholischen Kirche, sondern auch gegen die von ihr propagierte Enthaltsamkeit und das Klosterleben. Mit den Klöstern verschwand für die Frauen von damals nicht nur die einzige Stätte der intellektuellen Betätigung, sondern auch die einzige materielle Alternative zu Ehe und Familie.

Statt Beten galt Luther Kindererziehung als Gottesdienst. Und er handelte danach. Der entlaufene Mönch gründete mit der ehemaligen Nonne Katharina von Bora eine große Familie. Während er mit den Thesen, die er an die Tür der Wittenberger Schlosskirche genagelt hatte, weltberühmt wurde, gebar Katharina die sechs gemeinsamen Kinder. Eine Frau soll zu Hause bleiben »wie ein Nagel in der Wand«, forderte ihr Mann. Und fast wäre man geneigt zu sagen, dass Katharina angesichts dieser Kinderzahl auch wenig Alternativen blieben. In Wirklichkeit schaffte es die umtriebige Frau aber, auch von zu Hause aus wirtschaftlich tätig zu werden. In dem alten Wittenberger Kloster, in dem sich die Luthers eingerichtet hatten, beherbergte Katharina Studenten und betrieb Viehzucht sowie eine Brauerei, um die Familie über Wasser zu halten. Ihr Mann Martin, der selbst mit Geld nicht besonders gut umgehen konnte, nahm das zähneknirschend hin und nannte seine Frau liebevoll-ironisch »Herr Käthe«.

Später sorgten vor allem zwei aus der protestantischen Schweiz kommende Theoretiker dafür, dass sich die Mütter mehr und mehr auf ihre Erziehungsaufgaben konzentrierten. Jean-Jacques Rousseau wurde berühmt durch seinen Bildungsroman *Émile*, in dem er postulierte, dass Kinder von Natur aus gut und nur durch die Zivilisation verdorben würden. Der kinderlos lebende Theoretiker entwickelte detaillierte Vorstellungen, wie man mit seinem Nachwuchs umzugehen habe. Stillen fand er über alle Maßen wichtig. Die Muttermilch war für ihn – über die reine Ernährung hinaus – geradezu von ideologischer Bedeutung: »Wenn sich (...) Mütter dazu verstünden, ihre Kinder selbst zu nähren, so werden sich die Sitten von selbst erneuern.« Dagegen verdammte er sowohl die Wiegen als auch die damals so verbreitete Wickeltechnik – demnach alles, was Frauen das Arbeiten ermöglichte: »Also wickeln sie ihre Kinder in Steckwindeln, die ihre Körper verkümmern (...) lassen.«

Auch Johann Heinrich Pestalozzi machte deutlich, dass Mütter der strengen Erziehung bedürften, um erziehen zu können. Pestalozzis Hauptwerk *Buch der Mütter* kam zwar nie über ein Vorwort hinaus, doch in seinem Essay *Weltweib und Mutter* machte er deutlich, dass er sich von einer Frau Weltabkehr und Konzentration auf die Kindererziehung wünschte. Fremdbetreuung – da war er sich mit Rousseau völlig einig – war undenkbar: »Es ist freilich unmöglich, dass ein reines, volles Mutterherz durch irgendein fremdes Menschenherz ersetzt werden könnte.«

In der Praxis verstießen sie übrigens beide gegen diese Regel. Pestalozzi tat dies mit wohlwollender Absicht: Er nahm fremde Kinder zur Betreuung auf seinem Landgut auf. Rousseau dagegen gab seine eigenen fünf Kinder kurz nach der Geburt ins Waisenhaus – sie störten ihn schlicht beim Schreiben. Allen Widersprüchen zum Trotz fanden die Theorien der beiden Männer große Verbreitung. Bis heute werden die Pädagogen zitiert. Man kann sogar sagen, mit ihren Schriften legten sie den Grundstein für die gesamte heutige Ratgeber- und Mutterbeschäftigungsindustrie.

Das Ganze wurde weiter gesteigert durch die Erkenntnisse der modernen Psychologie. Während Sigmund Freud noch den Einfluss beider Eltern auf die frühkindliche Prägung untersuchte, konzentrierte sich die Generation nach ihm mehr und mehr auf die Rolle der Mütter. Dabei gab es verschiedene Schulen. Die einen, die Narzissmus und Vernachlässigung der Kinder für das Hauptproblem hielten und die anderen, die vor Überbehütung als Kompensation mütterlicher Defizite warnten. Eigentlich, so beobachtet die amerikanische Psychologin Shari Thurer, konnte frau es von da an gar nicht mehr richtig machen. »Manche Psychotherapeuten sind so fest davon überzeugt, dass mütterliches Fehlverhalten die alleinige Ursache späterer Störungen ist, dass sie es ausnahmslos bei jedem Patienten herausfinden.«

Nun sind Therapien in Deutschland nicht ganz so verbreitet wie in Amerika. Doch dafür gibt es umso mehr Erziehungskurse, -bücher und -zeitschriften, weswegen hierzulande am Sandkastenrand viel Hobbypsychologie und auch Mütterhetze betrieben wird.

Die Pille tat ein Übriges. Zwar gab sie Frauen die Möglichkeit, bewusst zu entscheiden, wann und wie oft sie Mutter werden wollen, doch seitdem gilt das unerbittliche Motto »wenn schon, denn schon«. Und wer es wagt, über Betreuung nachzudenken oder seinen Kindern gar das Baby-Yoga vorzuenthalten, muss sich fragen lassen, warum er sich dann überhaupt Nachwuchs angeschafft habe.

Früher gab es die Kategorien »gesund«, »satt« und »sauber«. Mütter waren für das physische Wohlbefinden zuständig, was schon eine große Aufgabe war. Doch die Last ist kaum noch zu schultern, seit man ihnen auch die Alleinverantwortung für die seelische Gesundheit des Nachwuchses und dessen intellektuelle Vervollkommnung übertrug.

Mütter sollen ihre Kinder als Forscher und sich selbst als deren »Laborassistenten« begreifen, forderte Barbara Sichtermann in ihrem Buch *Vorsicht Kind*. Darin beschreibt sie den Alltag mit einem unternehmungslustigen Kleinkind. Sie schildert, wie jeder Winkel des heimischen Haushaltes untersucht und auch unterwegs »Zigarettenkippen und Bananenschalen aus Mülleimern hervorgezogen und einer unbestimmten Wiederverwendung zugeführt werden«. Und sie empfiehlt: Unbedingt gewähren lassen! Doch weil man die Stadtkinder heute nicht mehr einfach mit Fallhüten ausgestattet losschicken kann, erfordert das permanente Aufsicht. Auch das verschweigt die Autorin nicht. Mütter, die sich als »Laborassistentinnen« verstehen, verpassen selbst die großzügigsten Bibliotheksöffnungszeiten, können weder in Ruhe telefonieren, noch auf die Toilette gehen und auch kaum ihre Küche in Ordnung halten, warnt sie. Man müsse Prioritäten setzen: »Lass den Haushalt sausen!«, rät sie der imaginären jungen Mutter, an deren Adresse sie ihre »Arbeitsplatzbeschreibung« richtet. Das heißt, während Frauen früher zahllose Kinder großzogen und nebenher Haus und Hof versorgten, ist in der Ein-Kind-Familie von heute streng genommen schon das Staubsaugen eine Vernachlässigung der pädagogischen Pflichten.

Das klingt nach häuslichem Hygiene-Gau und mütterlichem Nervenzusammenbruch. Um das zu vermeiden, rät die Autorin, die Betreuung des Kindes wenigstens stundenweise einer Oma, Tagesmutter oder Krippe zu überlassen.

Das Buch, das Anfang der Achtzigerjahre erschien, war damals sehr populär und wurde seither mehrfach neu aufgelegt. Es sorgte dafür, dass deutsche Mütter zumindest in Sachen Hygiene von ihren hohen Ansprüchen Abschied nahmen. Matschen ist salonfähig geworden, und Mütter sind geduldiger denn je. Und bis heute hört man Frauen Sichtermann zitieren, während sie in Ruhe zusehen, wie ihre Kinder die Mülltonnenhäuschen der gesamten Straße inspizieren.

Die andere Botschaft der Autorin jedoch verhallte scheinbar ungehört. Betreuung ist immer noch irgendwie tabu. Der Argwohn gegenüber Kinderkrippen und -frauen scheint tiefer zu sitzen als die Furcht vor Keimen.

Das mag mit dem Reformator Luther zusammenhängen, mit dem Einfluss von Rousseau, Freud und all ihren Jüngern. Allerdings wurden deren Schriften auch in anderen

Ländern gelesen, nur nahm man sie sich offenbar nicht überall gleichermaßen zu Herzen.

Nicht einmal als Rousseau in Paris lebte, dachten die französischen Damen daran, der Welt den Rücken zu kehren und sich in die Kinderstube zurückzuziehen. Und Schweden ist mindestens so protestantisch wie Deutschland und schaffte es trotzdem schneller, sich vom engen Frauen- und Familienbild zu lösen. Dort können Frauen Kinder und Karriere miteinander vereinbaren. Das Gleiche gilt für Amerika – und zwar trotz des Getrommels der Therapeuten.

Das spricht dafür, dass es für die deutsche Befindlichkeit auch noch andere Ursachen geben muss.

Im Nachkriegsdeutschland bemühte man gern die Diktaturerfahrung als Grund für die Zurückhaltung des Staates in Familiendingen. Eine etwas verquere Argumentation. Hitler vertrieb Mütter aus dem Beruf, um sie in den Dienst seiner Rassenideologie zu stellen. Und wenige Jahre später wurde die Vollzeitmutterschaft umgekehrt zum Bollwerk gegen einen übermächtigen Staat hochstilisiert. Das ist ziemlich widersprüchlich.

Kinder in die Obhut öffentlicher Institutionen zu geben, statt sie im Schoß der Familie zu erziehen, hieß in dieser Diktion, dem Totalitarismus Tür und Tor zu öffnen. Barbara Vinken weist in ihrem Buch darauf hin, dass die Bedenken in der jungen Bundesrepublik vermutlich nicht allein durch den Nationalsozialismus stimuliert wurden, sondern auch durch den Kommunismus in der anderen Hälfte Deutschlands. Gegen dieses Regime wollte sich die Politik im Westen abgrenzen.

Die Autorin erinnert an die Kampagne, mit der etwa CDU-Ministerpräsident Ernst Albrecht in Niedersachsen gegen Kinderkrippen polemisierte. »Auf einem Schwarzweißfoto im Verelendungslook saßen in Reih und Glied etwa einjährige Kinder offensichtlich aus einer DDR-Krippe, die alle zur gleichen Zeit aufs Töpfchen gehen mussten. Was sollte das Foto suggerieren? Die Unmenschlichkeit kollektiver Kleinkindererziehung in staatlichen Institutionen, in denen ein Mensch einer unerträglichen gleichmacherischen Disziplin unterworfen wird. Diese Kinder müssen sogar noch zusammen müssen«, karikiert die Autorin die Kampagne von Ernst Albrecht.

Es erscheint wie eine Ironie der Geschichte, dass sich nun ausgerechnet seine Tochter, Ursula von der Leyen, als Familienministerin für den Krippenausbau in der Bundesrepublik stark macht. Was ist passiert? Wie kommt es zu den unterschiedlichen Positionen von Vater und Tochter – beide CDU-Politiker?

Ein einschneidendes Ereignis war sicher der Zusammenbruch der DDR. Albrecht regierte in Niedersachsen fast fünfzehn Jahre lang das Bundesland mit der längsten Zonengrenze: Auf fast 550 Kilometern Länge stießen dort Kapitalismus und Kommunismus aufeinander. Ernst Albrecht hatte keine Zeit mehr, die Frontstaatmanier abzulegen – kurz nach dem Mauerfall wurde er als Ministerpräsident abgewählt.

Völlig anders dagegen ist die Perspektive seiner Tochter. Als die anfängt, über Krippenausbau nachzudenken, sind weitere fünfzehn Jahre ins Land gegangen. Nach der wirtschaftlichen Implosion der DDR gilt der Westen als klarer Sieger im Wettbewerb der Systeme. Abgrenzung ist nicht mehr nötig. Die Berührungsängste schwinden. Das geht so weit, dass eine Ostdeutsche wie Angela Merkel Kanzlerin der Bundesrepublik werden und in Detailfragen wie Kindererziehung sogar Nähe zur DDR wagen kann. Sie stützt den Kurs ihrer Ministerin.

Ursula von der Leyen erzählt heute gern davon, dass sie als Kind selbst Erfahrung mit der Ganztagsbetreuung gemacht hat. Ihr Vater war vor seiner Zeit als Ministerpräsident nämlich in der Europapolitik aktiv, weshalb die kleine Ursula einen Teil ihrer Kindheit in Brüssel verbrachte, wo es seit langem Krippen und Ganztagsschulen gibt.

Ansonsten funktionierte bei den Albrechts allerdings alles ganz so, wie man es sich in einer deutschen Familie dieser Zeit vorstellt: Papa machte Karriere, und Mama Heidi Adele hielt ihm zu Hause den Rücken frei. Ihren Beruf als Journalistin gab die promovierte Germanistin auf. Kein Wunder, möchte man meinen, in einer hochmobilen Politikerfamilie mit sieben Kindern.

Heute ist Ursula von der Leyen selbst Politikerin. Sie hat ebenfalls sieben Kinder und große Umzüge hinter sich. Deshalb sah es zunächst fast so aus, als würde sie dem Vorbild ihrer Mutter nacheifern. Ihr Mann Heiko ist Mediziner wie sie. Doch als er Anfang der Neunzigerjahre zum Forschen an die kalifornische Eliteuniversität Stanford ging, brach Ursula von der Leyen ihre eigene Facharztausbildung ab, um ihm mit der Familie nach Amerika zu folgen. An eine Karriere in der Klinik war für sie danach nicht mehr zu denken.

Dafür allerdings legte Ernst Albrechts Tochter einen rasanten Start in der Politik hin. Nur vier Jahre, nachdem sie das erste kommunale Mandat übernommen hatte, wurde sie Bundesministerin. Sie hatte Glück, denn für die Union war sie die ideale Kandidatin, um den dringend notwendigen Kurswechsel zu verkünden. Wer wäre besser geeignet, mit dem deutschen Vollzeitmutterdogma zu brechen als eine Familienministerin, die gleichzeitig siebenfache Mutter ist?

Auch bei den Konservativen reifte inzwischen die Einsicht, dass Vorurteile gegen Karrierefrauen und Kinderbetreuung dem Land langfristig schaden. Es hat sich herumgesprochen, dass unsere niedrigen Geburtenraten irgendwie mit dem hohen Mütterlichkeitsideal zusammenhängen. Wissend, dass Mutterschaft hierzulande erst einmal den Abschied aus dem Beruf und bisweilen lebenslange Abhängigkeit vom Gatten oder auch Staat bedeutet, trauen Frauen sich nicht, ihren Kinderwunsch zu verwirklichen. Oder sie schieben die Familiengründung so weit hinaus, dass es notgedrungen bei einem Baby bleibt.

Viel zu lange hatte die Politik den Konflikt der Frauen ignoriert, viel zu lange war man vom Bild der unter allen Umständen gebärfreudigen Mutter ausgegangen. Mit dramatischen Auswirkungen auf die Demographie Deutschlands und die ökonomische Basis der Nation. Deshalb spielten bei dem Strategieschwenk wohl vor allem volkswirtschaftliche Erwägungen eine Rolle.

»Kinder bekommen die Leute immer«, sagte Konrad Adenauer, der erste Kanzler der jungen Bundesrepublik. Das war im Jahr 1956. Damals war die Rentenversicherung noch als Ansparversicherung organisiert. Doch deren Kassen waren durch Inflation und Währungsreform so ausgezehrt, dass Adenauer sich zu einem Systemwechsel entschied. Künftig sollte nicht mehr jede Generation für sich sparen, sondern immer die Jungen für die Alten zahlen. Der Fruchtbarkeit vertraute er mehr als den Finanzmärkten. Ein folgenschwerer Irrtum.

1964 war das Jahr mit den meisten Geburten in Deutschland. Doch auf den Babyboom folgte ein dramatischer Einbruch: Die Pille kam auf den Markt. Die Geburtenrate sank. Mit der Folge, dass die Bevölkerungspyramide nun zu kippen droht. Schon im nächsten Jahrzehnt wird es in Deutschland mehr alte Menschen geben, die Geld aus den Sozialkassen bekommen, als Junge, die in diese einzahlen. Und natürlich wird das Problem irgendwann auch am Arbeitsmarkt ankommen: Fachkräftemangel.

Spätestens dann wird in den Betrieben und Büros auch das weibliche Geschlecht gefragter sein denn je. Kein Wunder also, dass die Regierung zweigleisig fährt. Mit dem einjährigen Elterngeld und der Krippenreform will sie Frauen einerseits zum Kinderkriegen ermutigen, sie andererseits aber auch wieder für die Erwerbstätigkeit zurückgewinnen. Die Erkenntnis, dass wir weder auf Nachwuchs noch auf die Arbeitskraft der Mütter verzichten können, ist nicht ganz neu. Das wussten schon unsere Vorfahren in den Bauernkaten. Wie man sieht, hat sich daran wenig geändert – trotz Industrialisierung und Rentenumlageversicherung.

KAPITEL 8

Mama, entspann dich!

WAS DIE WISSENSCHAFT ZU ALLEDEM SAGT

Das schlechte Gewissen
und die Entwicklungsbiologie

Das schlechte Gewissen kann in vielerlei Gestalt kommen. Früher schlich es sich manchmal beim Fernsehen an. Es fragte mit freundlich besorgtem Ton, ob die Mütter das richtige Waschmittel genommen und für die Kinder auch Vitaminbonbons und bunte Minifrüchtequarks gekauft hätten. Dagegen ist Mama weitgehend immun. Zum Fernsehen hat sie selten Zeit. Sie weiß außerdem, Weichspüler sind Gift für die Umwelt, Vitaminbonbons schlecht für die Zähne und die kleinen Quarks große Kalorienbomben. Manchmal kauft sie das Zeug trotzdem – komischerweise mögen die Kinder alles, was weich, süß und fett ist –, und dann hat Mama genau deshalb Gewissensbisse.

Das schlechte Gewissen kann auch im Gewand der Freundin auftreten. Die war früher Human Ressource Managerin und wurde mit Zoes Geburt Expertin für Säuglingsschwimmen, Baby-Yoga und frühe Fremdsprachenpädagogik. »Du ahnst gar nicht, wie man Kinder heute fördern kann«, sagt sie immer und fragt, ob nicht auch etwas für Lisa dabei wäre. Mama findet: Musikschule am Mittwoch reicht als kulturelles Zusatzangebot für ein Kindergartenkind – und mehr würde sie neben ihrem Job auch nicht schaffen.

Inzwischen hat Zoe Zwillingsgeschwister bekommen und geht auch zur Musikschule – Mama und Lisa nehmen sie mit. Ihre Mutter ist mit den beiden Kleinen nämlich ziemlich im Stress. Trotzdem, sagt Mama, käme sie mit ihrer Freundin jetzt wieder besser aus. Die würde ihr jetzt nur noch einmal im Jahr ein schlechtes Gewissen machen. Dann nämlich, wenn sie pünktlich zum dritten Advent Weihnachtskarten mit einem professionell aufgenommenen Familienfoto verschickt. Dann fällt Mama ein, dass die Schnappschüsse von vergangenem Fest dringend ins Album müssen.

Manchmal kommt das schlechte Gewissen auch, wenn Schwiegeromi Lotti zu Besuch ist. Omi Lotti ist nicht so, wie man sich Schwiegermütter vorstellt. Niemals würde sie einen ungebetenen Rat geben, nie sich aufdrängen, sie ist einfach nur da, wenn man sie braucht. Als der kleine Luis in seinem zweiten Winter beschloss, dass Pullover doof sind, kam Oma mit einem Satz selbstgestrickter Pullunder vorbei, mit Knöpfen an der Schulter, damit sie nicht kratzen, wenn sie über den Kopf gezogen werden. Als Rebecca in der Schule Stress hatte, durfte eigentlich niemand außer Oma mit ihr Lesen üben. Als Mama wieder arbeiten musste und Frauke zunächst nur halbtags in den Kindergarten gehen konnte, kam Oma für ein paar Wochen zum Hüten. Mit allen Enkeln hat Oma am Tischchen gesessen und Mau-Mau gespielt. Papa sagt, er kennt seine Mutter nur noch auf einem Kinderstuhl mit Karten in der Hand. Neulich war Oma wieder da. Diesmal saß sie auf einem großen Stuhl – und zwar mit einem Kissen! »Oma hat Aua«, sagte Luis fachkundig. Irgendwie streikten die Gelenke. Seit Wochen schon plagten Oma Schmerzen beim Wandern, Spazierengehen und selbst beim Einkaufen. Das sollte von ihren Kindern nur eigentlich keiner wissen. Am Ende hätten sie sich Sorgen gemacht!

Am schlimmsten ist es, wenn das schlechte Gewissen eine Kinderstimme hat. »Nein, will nicht«, sagt Fritzi. Das sagt Fritzi neuerdings öfters. Sie will nicht aufräumen, sie will nicht Zähne putzen, sie will sich nicht anziehen. Und morgens, wenn es eilt, will sie eigentlich gar nichts – außer vielleicht Kakaoinseln im Milchglas versenken. Im Kindergarten sagten sie, das sei die Trotzphase, und Mama solle bitte konsequent bleiben. Am Tag darauf ging wieder mal gar nichts. Fritzi wehrte sich schon beim Anziehen. Und als Mama sie im Kindergarten aus dem Anorak schälen wollte, fing sie wieder an zu jammern: »Neein!!!« Der »Morgenkreis« hatte schon angefangen. Die Erzieherin blickte auf die Uhr. »Konsequenz«, dachte Mama und schob Fritzi mit einem schnellen Kuss in den Raum. Als sie im Büro war, rief der Kindergarten an: Ob sie nicht gemerkt habe, dass Fritzi Fieber habe. Sie möge sie doch bitteschön schnell abholen. Den Tag hat Mama lange nicht vergessen.

Manchmal kommt das schlechte Gewissen auch im Nachhinein. Als Justus geboren wurde, begann die Republik gerade über den Ausbau der Kleinkindbetreuung zu diskutieren. Prima, dachte Mama, das passt ja hervorragend. Sie las in der Zeitung von einer amerikanischen Studie, wonach Krippenkinder später besser rechnen und lesen lernen. In ihrer Abteilung sagte sie, sie könnten sie bald wieder einplanen.

Umso mehr erschrak sie, als sie erfuhr, dass die vielen neuen Krippen in Deutschland erst 2013 öffnen sollten. Es stellte sich heraus, dass es in ihrer Stadt nur Plätze für drei von hundert Kleinkindern gab. In den Stillpausen machte Mama jetzt lange Spaziergänge mit Justus. Bald stand er in sechs Kitas auf der Warteliste, und auf allen Spielplätzen klebten Zettel mit einem Schaukelpferd: »Kleiner Junge sucht nette Nanny.«

Ab Juli sollte Mama wieder arbeiten, ab Mai begann sie schlecht zu schlafen. Gerade war noch eine Tagesmutter abgesprungen, und in die Krippen ging sie eigentlich nur noch, um am Schwarzen Brett weitere Zettel aufzuhängen. Die Leiterin der Kita um die Ecke kannte sie schon. Und eines Tages, als sie dort gerade mal wieder mit Reißzwecken hantierte, kam sie heraus auf den Flur und sagte: »Wir haben eine Kündigung, eines unserer Kinder zieht um, wenn Sie wollen, kann Justus bei uns anfangen.« Welch freudige Überraschung!

Und offenbar freute sich auch Justus: Sagen konnte er ja noch nichts mit seinen neun Monaten, doch in der Kita nannten sie ihn nur »Strahlemann«. Während der Eingewöhnung weinte er beim Abschied nur ein einziges Mal!

Mama war längst wieder im Büro, in Berlin ging die Krippendebatte weiter. Ein Bischof nannte Mütter wie sie »Gebärmaschinen«. Es gab auch eine neue Studie aus Amerika: Kita mache Kinder aggressiv, las Mama in der Zeitung. Sie hatte es eilig und wollte gerade weiterblättern. Doch dann fiel ihr Blick auf den zweiten Absatz des Artikels. Die seelischen Schäden müssten nicht sofort auffallen, stand da. Das sei aber kein Grund zur Entwarnung, im Gegenteil. Je leichter sich das Kind eingewöhne, umso schwächer sei die Mutterbindung und umso größer die späteren Probleme. Da war Mama doch besorgt. Inzwischen hatte Justus nämlich zu sprechen begonnen und fragte auch am Wochenende öfter mal nach seinem »Kinnergarten«.

Ob es mit den Hormonen zusammenhängt, dass das schlechte Gewissen bei Müttern eine Art Dauergefühlszustand ist? Es setzt schon in der Schwangerschaft ein. Sobald wir von unserem Glück wissen, beginnt die Unruhe, ob wir auch alles richtig machen. Am Anfang ist die Sorge sogar besonders groß: Kaum haben wir die freudige Nachricht vernommen, fällt uns das Bier vom Vorabend ein und der Weißwein vom Wochenende ... Alkohol in der Schwangerschaft!! Und schon haben wir ein schlechtes Gewissen. Natürlich achten wir ab sofort auf gesunde Ernährung. Wir lernen, das Kind braucht regelmäßig Vitamine, viel Eiweiß, Calcium und Eisen. Von nun an gibt es morgens Vollkornmüsli mit Quark, mittags Käse und Obst und abends Steak oder Rührei mit Möhren. »Langsam mit den Möhren«, sagt die eine Freundin, allzu viel Vitamin A soll zu Wachstumsstörungen führen. Rührei! »Hast du keine Angst vor Salmonellen?«, fragt die andere. »Steak, bitte nur gut durchgebraten«, rät der Frauenarzt, »wegen der Toxoplasmose-Gefahr. Ach – Vorsicht auch mit Rohkost und schlecht gewaschenem Salat.« Und: »Käse und Quark dürfen Sie essen, so viel Sie wollen, nur keine Rohmilchprodukte. Listeriose verursacht Fehlgeburten!« Gegen Ende der Schwangerschaft könnten wir einen Ernährungsratgeber schreiben. Titel: »Gewissensbisse(n) oder Die Kunst, das werdende Leben trotz aller Verbote vielseitig zu ernähren.«

Und dabei war das alles nur der Anfang: Wenn das Baby da ist, wollen wir ja erst recht alles richtig machen. In unserer Hand liegt ein kleines Menschenleben und vor uns die große Verantwortung der Mutterschaft. Egal ob Zahnungsschmerz, Trotzanfall, Pubertätslaune, Liebeskummer oder spätere Existenzkrisen – immer werden wir uns fragen, was wir tun können, was wir hätten tun sollen und ob wir vielleicht etwas falsch gemacht haben.

Vollzeitmütter bleiben von dieser Überlegung nicht verschont. Und das Ganze endet nicht etwa mit der Kinder Volljährigkeit. Es scheint eine Art Naturgesetz zu sein, dass Mütter, solange sie am Leben sind, für ihren Nachwuchs stets das Beste wollen. Wer's nicht glaubt, muss nur Schwiegeroma Lotti fragen.

Lange bevor Mutter-Kind-Kurse und Erziehungsratgeber erfunden wurden, sicherte das mütterliche Gewissen die Erhaltung einer Spezies, die beim Heranreifen mehr Hingabe und Geduld braucht als alle Arten. Die meisten Tiere können sich direkt nach der Geburt allein fortbewegen, kurz darauf gehen sie auf Futter- und Partnersuche, und der Fortpflanzungskreislauf beginnt von Neuem. Beim Menschen braucht all das viele Jahre. Er ist lange auf Hilfe von Erwachsenen angewiesen, weswegen der Basler Biologe Adolf Portmann den Begriff des »sekundären Nesthockers« prägte. Sein Kollege Bernhard Hassenstein zählt die Menschenkinder gar zu den »Traglingen«. Und wer je ein 15-Kilo-Kind mit Kulleraugen und ausgestreckten Armen vor sich hatte, weiß, was damit gemeint ist. Jeder Rückenschmerz ist machtlos gegen Mutterinstinkte.

Ein paar Fakten zur Frühförderung

Zur Natur kam die Kultur. Inzwischen gibt es professionelle Anleitung für alles, was Menschenmütter ihren Kindern angedeihen lassen können. Das angeborene Brutpflegeprogramm wirkt unterdessen weiter – das schlechte Gewissen. Und davon profitieren nun nicht nur die Anbieter von Multivitaminbonbons, sondern auch die Autoren der Babymassagebücher und die Veranstalter von Sing-, Streichel-, Wiege- und Sprachkursen. Die Folge: Der Mütterfortbildungsmarkt boomt trotz des Geburtenrückgangs. Oder vielleicht gerade deswegen. Wer möchte schon auf gut Glück erziehen, wenn das Goldkind endlich da ist, die Frucht sorgfältigster Familienplanung!

Natürlich gibt es Fälle, bei denen offenbar alle Mechanismen versagen: Bremen, Hamburg, Kaiserslautern, Erfurt und Schwerin ... wieder und wieder werden in unserer Mitte Kinderleichen in Kühlschränken und Pflanzkübeln geborgen – Kinder, von Mutter und Vater durch Vernachlässigung ums Leben gebracht oder zu Tode geprügelt. Bei all diesen Eltern hätte Unterweisung bitter Not getan. Doch ganz offenbar erreichen weder PEKiP-Pädagogen noch Pflegeratgeber solche Problemfamilien.

In der bürgerlichen Mitte dagegen kommt eins zum anderen. Dort potenziert sich die Wirkung von Instinkt und Institution. Es grassiert der Frühförderwahn. In Berlin veranstaltet *FasTracKids* Vorlesungen in Mathematik, Ökonomie und Kommunikation für Vorschulkinder. In Fellbach bei Stuttgart bietet *Lollipop* Französischkurse für Kleinkinder. Englisch gibt es inzwischen fast bundesweit für Säuglinge ab dem dritten Monat. Sie werden in Babyschalen zum Unterricht getragen, sie staunen, schlafen oder schreien, während ihre Mamas fremdsprachige Lieder anstimmen und Vokabelkärtchen schwingen. Early-English ist der Hit. 23 000 Kinder in Deutschland waren 2007 bei den Helen-Doron-Sprachschulen eingeschrieben. Nirgendwo auf der Welt wächst die Nachfrage schneller.

Aufgescheucht durch den PISA-Schock und diffuse Globalisierungsängste versuchen beflissene deutsche Mittelschichtmütter ihre Kleinen bestmöglich auf das Berufsleben vorzubereiten – aus dem sie sich selbst meist gerade zurückgezogen haben. Je schmerzvoller der Verlust, desto mehr muss sich das Opfer gelohnt haben!

Das Stichwort lautet »Synapsenpflege«. Die wichtige Zeit der Hirnentwicklung im frühen Kindesalter wollen sie auf keinen Fall ungenutzt verstreichen lassen. »Die Vorstellung vieler Eltern, die Architekten der Kindergehirne zu sein, ist der reinste Wahnsinn«, kritisiert die Lernforscherin Elsbeth Stern von der Eidgenössischen Technischen Hochschule in Zürich. Gedächtnisforscher Henning Scheich vom Magdeburger Leibniz-Institut für Neurobiologie spricht sogar von »Scharlatanerie«. Kurse wie die von *FasTracKids*, die Wissenschaft auf interaktiven Wandschirmen vermitteln, kommen zwar gut an. Die Fernsehsituation fasziniert die Kleinen – aber sie profitieren wenig von ihr. »Wir wissen inzwischen, dass Kinder durch Fernsehen keine abstrakten Begriffe erlernen, weil sie sie einfach nicht ›begreifen‹«, sagt Scheich. Das Gleiche gilt für Sprachschulen, die Vokabeln durch blitzartiges Vorzeigen von Bildkarten (»Flashcards«) im Kopf der kleinen Schüler verankern wollen. »Diese Methode ist völlig absurd«, moniert Scheich, »Learning by Doing ist für kleine Kinder von größter Bedeutung. Sie brauchen dafür viel Zeit und das direkte Tun.«

Es ist nicht so, dass die Kleinen fürs Lernen nicht zu gewinnen wären. Im Gegenteil. Tatsächlich fangen Kinder oft schon mit acht oder neun Monaten an, einfache Melodien nachzusummen, Kinder mit zwei Jahren können verschiedene Vogelarten oder auch Fahrzeugtypen unterscheiden. Und sie sind sehr stolz, wenn sie die ersten ausländischen Vokabeln und Phrasen aufschnappen. Allerdings funktioniert das am besten, wenn das Neue Teil des vertrauten Lebens wird. Wer seinen Sprössling montags mit Early-English konfrontiert, dienstags zum Babyballett und mittwochs zur musikalischen Früherziehung kutschiert und denkt, dass Yoga for Youngsters am Freitag den Stress kompensiert, der wird vermutlich wenig bewirken. In jeder Kursstunde wieder muss es sich an die neue Umgebung, neue Lehrer und andere Kinder gewöhnen. Sinnvoller wäre es, das Lernen in den Alltag zu integrieren, zum Beispiel in Kindergärten, in denen die Kinder nicht nur spielen, sondern auch frühzeitig mit Instrumenten, Zahlen und naturwissenschaftlichem Gerät experimentieren. Eine bilinguale Betreuung im Sprachlernalter wäre optimal in Zeiten der Globalisierung. Auch ein Au-pair könnte dabei eine große Hilfe sein. Doch das lässt der deutsche Mütter-Comment leider nicht zu.

Frühförderung – gut und schön, auf keinen Fall aber darf sie mit Fremdbetreuung einhergehen! Einerseits werden immer mehr Säuglinge zum Early-English gekarrt, andererseits bleibt Kindergarten unter drei Jahren bei den Turbomüttern ein Tabu. Selbst bei der Einschulung steigt das Alter mit dem Argument »Er ist noch so klein, ich dachte, ich gönn ihm noch ein Jahr Spielen.«

Welch gigantischer Widerspruch!

Etwas Hintergrund zur Krippendebatte

Über wenig wurde in den vergangenen Jahren in Deutschland so erbittert gestritten wie über den Ausbau der Kinderkrippen und -tagesstätten. Die einen meinen, dass Eltern und Kinder von einem zusätzlichen Betreuungsangebot profitieren. Die anderen sehen verfassungsgeschützte Familienwerte erodieren und Kinderseelen in Verwahranstalten vor sich hin vegetieren.

Das Thema ist nicht ganz neu. Fast überall auf der Welt wurden die Diskussionen früher geführt. Die Fronten sind stets die gleichen. Und meist werden auch dieselben Experten zitiert.

Die Galionsfigur der Krippengegner ist ein Mann namens John Bowlby. Ausgehend von der Beobachtung, dass Babys im Krankenhaus selbst bei guter physischer Pflege leiden, wenn sie über Wochen von der Mutter getrennt sind, erforschte der britische Arzt und Psychoanalytiker ab den Fünfzigerjahren den Zusammenhang zwischen mütterlicher Zuwendung und der Gesundheit von Kindern. Ihm ist es zu verdanken, dass Eltern ihre kranken Kinder heute fast weltweit in die Klinik begleiten dürfen. Doch Bowlby ist nicht nur der Vater des »Rooming In«, sondern auch der Begründer einer viel umfassenderen Bindungstheorie. Danach kann sich ein Kind in den ersten drei Jahren nur durch eine enge Beziehung zur Mutter gesund entwickeln. Bowlby ging von einem nahezu exklusiven Verhältnis aus. Andere Betreuer sind bei ihm nicht vorgesehen. Babysitter, Omas und sogar der Vater gelten als sekundäre Bezugspersonen. Das heißt, selbst wenn das Kind sie von Geburt an kennt, dürfen sie nur in Notfällen und auch nur stundenweise einspringen. Man ahnt, wie sein Urteil über Krippenbetreuerinnen ausfiel.

Der Grund: Die Anthropologie, aus der er seine Theorie ableitete, hatte damals gerade einen Stamm entdeckt, in dem die Mütter ihre Babys immer im Tuch bei sich trugen. Das hat Bowlby dann als die natürliche Art der Kleinkindversorgung angesehen. Doch wie sich herausstellte, passte sein Vergleich mit den Naturvölkern nur bedingt, denn dazu gibt es einfach zu viele verschiedene Stämme. Neben den tuchtragenden Kung-Müttern wurden unterdessen zum Beispiel auch die Gebräuche der Efe in einem anderen Teil Afrikas untersucht. Dort werden die Babys vom ersten Lebenstag an herumgereicht – bis zu vierzehnmal pro Stunde. Jeder trägt sie einmal: Geschwister, Eltern, Verwandte und Nachbarn. Die Mutter selbst kümmert sich weniger als die Hälfte der Zeit um ihr Baby. Und doch entwickeln die Kinder gute Bindungen zu ihren Müttern.

Inzwischen hat die Wissenschaft Bowlbys strenge Regeln relativiert. Nach all den aufwendigen Untersuchungen erkannten die Forscher, was erfahrene Frauen auch in Europa schon vor Jahrhunderten wussten: Babys müssen ihre Mütter nicht rund um die Uhr um sich haben. Sie sind in der Lage, Bindungen zu mehreren Personen aufzubauen. Das heißt, das Kind leidet nicht, wenn es ein paar Stunden am Tag bei anderen, ihm vertrauten Menschen verbringt. Man fand heraus, dass ein Baby sogar davon profitiert, wenn es drei oder mehr Bezugspersonen hat, die es regelmäßig spazieren fahren, wickeln und beschäftigen. Seither gibt es für faule Väter keine Entschuldigung mehr – und keine Argumente gegen Kinderfrauen und Tagesmütter.

Über Krippen wurde allerdings weiter gestritten, was später vor allem dem amerikanischen Psychologen Jay Belsky zu verdanken war. Er wettert seit Jahrzehnten gegen Außerhausbetreuung. In den USA kam es deswegen zum großen Expertenstreit. Um Klarheit zu haben, spannte das National Institute for Child Health and Human Development, kurz NICHD genannt, die Kontrahenten zusammen. In einer 1991 begonnenen Studie wurden insgesamt fast 1400 Kinder aus zehn verschiedenen Orten der USA beobachtet. Die Untersuchung dauert bis heute an. In regelmäßigen Abständen erstatten die Forscher Bericht.

Das Projekt führte zu interessanten Erkenntnissen. So fand man heraus, dass Krippenkinder sprachlich gewandter sind und in den ersten Schuljahren einen nachweisbaren Vorsprung beim Lesen und Rechnen haben. Allerdings, auch das zeigte die Studie, fügen sich die ehemaligen Krippenkinder in der Schule weniger ein. Dann folgten wieder positive Meldungen von der Krippenfront. In der jüngsten Veröffentlichung jedoch wurde die Schreckensmeldung von den kleinen Störenfrieden konkretisiert: Für jedes Jahr, das ein Kind mindestens zehn Wochenstunden in der Krippe verbracht hatte, steigt die Aggressivität um ein Prozent, heißt es in dem Bericht. Zitiert wurde dabei stets – na wer schon? – Jay Belsky.

Das heißt, die Millionen Dollar teure und weltweit beachtete Studie hat vieles an Erkenntnissen gebracht, ihr Hauptziel hat sie jedoch verfehlt. Denn auch nach jahrelangen Studien konnten sich die führenden Kindeswohlexperten der USA nicht auf ein gemeinsames Urteil einigen. Die Einschätzung der Krippen schwankt, je nachdem, welcher der Wissenschaftler die Auswertung interpretiert. Man darf also gespannt sein, was die anderen Forscher Jay Belsky erwidern.

Man muss befürchten, dass sie sich wieder vorwiegend auf die schulischen Erfolge der Krippenkinder konzentrieren. Dabei wäre es durchaus interessant, das Thema Aggressivität weiter zu untersuchen.

Belsky geht davon aus, dass Aggressivität entsteht, weil Kinder sich beispielsweise um einen Ball oder einen Puppenwagen balgen und die Erzieherinnen nicht immer sofort eingreifen, um den Streit zu schlichten oder zusätzliches Spielzeug auszuteilen. Belsky geht außerdem davon aus, dass das so entstehende Aggressionspotenzial grundsätzlich negativ zu bewerten ist. Andere Parameter der psychischen Gesundheit werden nicht quantifiziert. Das alles gilt es zu hinterfragen.

So macht etwa der deutsche Neurologe Magnus Heier die Beobachtung, dass Kinder berufstätiger Mütter »seltener psychisch auffällig« sind, selbst wenn sie aus insgesamt schlechter situierten Familien stammen. »Die Ursache liegt vermutlich darin«, so schreibt der Arzt in der *Frankfurter Allgemeinen Sonntagszeitung*, »dass diese Kinder fast immer in Kitas, Kindergärten und Ganztagsschulen untergebracht sind und ihnen diese Betreuung guttut.«

Sicher geht es in einer Kita manchmal ruppig zu. Schon morgens zur Begrüßung wird der zweijährige Paul von der fünfjährigen Louisa stürmisch umarmt – was diesem nicht immer gefällt. Dann setzt sich die dreijährige Audrey in seinen Kinderwagen und untersucht seine Frühstücksbox. Frischkäse mag sie lieber als Mutters Mettwurststulle. Futterneid! Revierverhalten! »Stohoop!«, brüllt Paul. Im Lauf des Tages kommt es noch zu verschiedenen Konflikten. Zum Beispiel wenn Henry gerade mit den Bauklötzen spielt, die Paul auch haben möchte – und umgekehrt. Andererseits helfen die Großen beim Essen, und sie schlagen Alarm, wenn ein Kleiner ein Taschentuch braucht oder mal in die Pfütze fällt. Drei Erzieherinnen können bei fünfzehn Kindern nicht überall sein – aber könnte das eine Mutter bei fünf eigenen Sprösslingen?

Früher waren Familien dieser Größe normal. Die Geschwister erzogen sich gegenseitig. Einzelkinder hatten es damals schwer. Auf dem Schulhof galten sie als wenig durchsetzungsstark und mussten entsprechend viel Spott ertragen: »Muttersöhnchen, Mamakind!«

Inzwischen ist es in Deutschland fast normal, dass Kinder allein aufwachsen. Die einen sind Einzelkinder, die anderen leben in Patchwork-Familien, wo Brüder und Schwestern nicht oder nicht ständig als Spielkameraden und Sparringspartner zur Verfügung stehen.

Wer soll diese Lücke füllen, wer die Geschwister ersetzen, wenn nicht die Kita-Familiengruppe. Was passiert morgen mit den Early-English-Einzelkindern, die heute nicht teilen und austeilen lernen? Jahrelang hat Mama sie gefördert, verwöhnt und auf Exzellenz eingeschworen – und am Ende reicht es vielleicht doch nur fürs Großraumbüro und nicht für den Chefsessel in der obersten Etage.

»Ich warne vor Ego-Problemen«, sagt Lernforscherin Elsbeth Stern im Gespräch mit der Wochenzeitung *DIE ZEIT*. »Diese Kinder haben immer gedacht und gesagt bekommen, sie seien etwas ganz Besonderes, und am Ende sind sie einfach nur durchschnittlich und normal – das muss dann erst mal verkraftet werden.«

Natürlich können wir an dieser Stelle an die Mütter appellieren, weniger Frühförderkurse zu buchen und dafür gefälligst mehr zu gebären. Doch das wird wohl nicht funktionieren. Jahrelang hat es die Politik mit Appellen versucht, bis sie merkte, dass Angebote gefragt sind. Nun soll die Betreuung unter drei Jahren ausgebaut werden. Hurra!

Das schlägt gleich mehrere Fliegen mit einer Klappe! Kinder aus Problemfamilien hätten einen Ort, an dem sie Rückstände aufholen können. Gleichzeitig gäbe es eine Plattform für neue Frühförderangebote – maßvoll versteht sich –, was den Sprösslingen ehrgeiziger Eltern den Early-English-Tourismus ersparen könnte. Berufstätige Mütter könnten beruhigt arbeiten gehen. Dreifach Hurra!

»Pfui!«, rufen da die Gegner. Hier geht es in Wirklichkeit weniger um die Kinder als um Karriere, um Konzernbelange und um Rentenbeiträge für den Staat. Hier wird seit drei Jahren vor allem über Quantität und nicht über Qualität diskutiert. Hier werden Kinder um ihre Kindheit gebracht! Dreimal pfui!

Diese Befürchtungen sind nicht völlig von der Hand zu weisen, vor allem wenn man die Erfahrungen der Vergangenheit berücksichtigt. Auch Anfang der Neunzigerjahre wurde in Deutschland schon einmal über Kinderbetreuung gestritten, mindestens so erbittert wie heute. Dabei ging es damals um die Drei-, Vier- und Fünfjährigen. Gegen deren Betreuung außer Haus hätte weder Bowlby noch Belsky etwas einzuwenden gehabt. Die meisten Pädagogen plädierten sogar ausdrücklich für eine flächendeckende Kindergartenversorgung, aber sie konnten sich lange nicht durchsetzen. Mehrere Jahre zogen sich die Debatten hin. Im Zuge der Abtreibungsreform garantierte der Staat dann endlich allen Kindern über drei Jahren einen Kindergartenplatz.

Am Ende waren es also nicht pädagogische, sondern politische Erwägungen, die den Weg frei machten. Es ging weniger um Schulreife, Sprachfertigkeit und Talentförderung, als darum, in der Debatte um den § 218 ein Zeichen zu setzen.

Bei diesem Zeichen blieb es dann allerdings auch: Denn die Politik knauserte bei der Finanzierung. Um die geforderten Plätze zu schaffen, wurden vielerorts schlicht die Standards gesenkt und die Gruppen vergrößert. Das darf nicht noch einmal passieren!

Kinder haben ein Recht auf gute Kitas. Sie können gewaltig von ihnen profitieren – und zwar umso mehr, je länger sie sie besuchen. Diesen Zusammenhang belegte die Wissenschaftlerin Katharina Spieß von der Freien Universität Berlin in einer Studie mit 569 kleinen Teilnehmern, die zwischen einem und sechs Jahre Kita-Besuch vorzuweisen hatten. Sie fand heraus: »Jedes zusätzliche Jahr in einer Kindertageseinrichtung erhöht die Wahrscheinlichkeit, später ein Gymnasium oder eine Realschule zu besuchen, um acht Prozent.«

Umgekehrt scheinen dagegen allzu lange Kita-Tage bei kleinen Kindern kontraproduktiv zu wirken. Experten empfehlen, mit zwanzig Stunden pro Woche anzufangen und die Dosis erst nach dem ersten Geburtstag zu steigern. »Kinder brauchen die unverplante Zeit mit Vater und Mutter«, sagt Lieselotte Ahnert, Psychologin der Universität Köln. »Man muss darauf drängen, dass die Eltern Kinder nicht zu lange in den Kitas lassen«, sagt sie und wirkt dabei fast wie eine von den Krippengegnern.

Lieselotte Ahnert ist es gewohnt, missverstanden zu werden. Ein halbes Forscherleben lang befasst sie sich nun schon mit dem Thema und fand sich dabei stets zwischen den Fronten wieder. In der DDR bekam die geborene Thüringerin den Auftrag, den Grund für die hohe Infektanfälligkeit der Krippenkinder herauszufinden. Sie kam zu dem Schluss, dass für die vielen Erkältungen nicht mangelnde Hygiene, sondern das therapeutische Klima verantwortlich war – die Kinder wurden ohne jegliche Eingewöhnung zu einem festen Termin im Jahr aufgenommen, egal ob sie dann zwölf Wochen oder zwölf Monate alt waren. Damals gehörte viel Mut dazu, Kritik publik zu machen. Ebenso viel Courage musste man haben, sich in der DDR mit Bindungstheorie und dabei auch den Schriften des Briten John Bowlby zu beschäftigen. Sie tat es – wobei sie die Theorie von Anfang an nicht allein auf die Mutter-Kind-Beziehung beschränkte. Das half ihr nach dem Mauerfall: Heute zählt sie zu den Koryphäen der internationalen Kleinkindforschung. Sie forschte im amerikanischen Cambridge und vorher lange am National Institute of Health in Washington, wo sie an der berühmten NICHD-Studie mitarbeitete. Zu Hause in Deutschland sind ihre Erfahrungen ebenfalls wieder begehrt. Seit die Krippendiskussion tobt, mehren sich die Interviewanfragen.

Allerdings fühlt sich Lieselotte Ahnert in der hochpolitischen Debatte auch häufig missverstanden oder gar missbraucht.

Einer Journalistin erzählte sie von Studien, die zeigten, dass der Einfluss der Eltern der dominierende Faktor bleibe, auch wenn das Kind von fremden Personen betreut würde. »Elterliche Erziehung ist besser als in der Tagesstätte«, stand später in der Zeitung. »Das habe ich nie gesagt, weil schlechte Eltern ziemlich schlimm für das Kind sein können«, ärgerte sie sich daraufhin im Gespräch mit der *ZEIT*.

Auch dieser Satz ist gefährlich, denn er lädt zu neuen Missverständnissen ein. Gibt es doch unter den Krippengegnern nicht wenige, die Fremdbetreuung allein als Auffangeinrichtung fürs prügelnde Prekariat akzeptieren und den Nutzen für die breite Masse kleinreden wollen.

Besorgte Mittelschichtmütter dürften deshalb beruhigt zur Kenntnis nehmen, dass die Psychologin Ahnert auch beim eigenen Nachwuchs durchaus auf Fremdbetreuung vertraute. Ihren Sohn und ihre Tochter – beide noch zu DDR-Zeiten geboren – zog sie mit Hilfe einer Kinderfrau groß. »Wenn die Krippen damals schon die Qualität gehabt hätten wie heute«, sagt sie, »hätte ich sie dorthin gebracht.«

Rabenmütter sind besser als ihr Ruf – ein Zeitvergleich

Klara ist total aufgeregt! Ihre erste Geburtstagseinladung! Kindergartenfreundin Leni wird vier, und die gesamte Gruppe soll mit ihr feiern. Schon am Gartentor kann man sehen, dass Großes bevorsteht. Dort steht eine aufblasbare Palme, und zur Begrüßung bekommt jedes Kind einen Bananensaftdrink mit Zuckerrand – das Fest steht unter dem Motto »Tropical Island«. Zu Essen gibt es Scampi- und Hühnerspießchen mit Erdnusssoße, Kokoskartoffelpuffer und zum Nachtisch eine Ananas-Maracuja-Eisbombe. Für die Mädchen hat Lenis Mama Baströckchen genäht und für die Jungen Hawaiihemden besorgt. Höhepunkt des Nachmittags ist die Schatzsuche. Eineinhalb Stunden durchstöbern die Kinder Haus und Garten vom Dachboden bis zum Goldfischteich. In der Garage schließlich heben sie den Schatz: Für jeden gibt es ein Säckchen mit einem Computerspiel »Max und die Piraten«.

Seither graut Mama irgendwie vor Klaras viertem Geburtstag. »Ich habe ihr ein Fest versprochen, aber ich dachte mehr an Kartoffelsalat mit Wiener Würstchen und Pfänderspiele, bei denen man Luftballons und Gummibälle gewinnt«, klagt sie der Freundin ihr Leid. »Auf dieses Wettrüsten habe ich keine Lust«, sagt sie, »ich bin Apothekerin und keine Event-Agentur.« »Da wäre ich vorsichtig«, warnt die Freundin, »als Berufstätige kannst du froh sein, wenn Klara überhaupt eingeladen wird. Max und Mia waren bei alledem lange außen vor, weil ich keine Zeit hatte für den Mutter-Klönschnack am Kindergartentor.« Irgendwann sei das dann zum Glück besser geworden: »In der Schule suchen sich Kinder ihre Geburtstagsgäste dann selbst aus«, sagt sie. Was sie nicht erwähnt, ist, dass sie sich jetzt jedes Jahr Urlaub nimmt, um eine Themenparty vorzubereiten. Von ihrer Dienstreise nach München neulich hat sie schon weiß-blaue Papierservietten, Nährbier und kleine Maßkrüge mitgebracht, denn in diesem Jahr will sie mit Max und seinen Freunden Oktoberfest feiern.

»Mädels, habt ihr eine zeitsparende Backidee für Johannes' Weihnachtsbasar?«, mailt Mama ihr Mütternetzwerk an. Die Sache eilt. Der Basar ist schon überübermorgen. Freundin Gudrun schlägt Donauwellen vor und schickt einen entsprechenden Link. Die Anleitung füllt mehr als eine Computerseite. Mama dankt und klickt weiter. Auch die Zimtrolle von Freundin Susanne fällt flach. Mit Biskuit hatte Mama noch nie Glück. »Wir müssen nicht backen, an unserer Schule gibt's nur Putzdienste«, schreibt Freundin Marie, »wenn du Interesse hast, anbei die Bestelladresse für die Staubfeudel mit Bienenwachsbeschichtung. Superpraktisch und allergikerfreundlich! Beim Elternsprechtag werde ich jetzt immer öffentlich belobigt!« – »Danke!«, mailt Mama zurück und denkt »Putzdienst fehlt mir noch!«. Warum melden sich nur Anka und Silke nicht. Die beiden haben immer so praktische Tipps, aber wahrscheinlich stecken auch sie im Vorweihnachtsstress. Und am Ende backt Mama doch wieder die Brownies vom Blech wie in jedem Jahr.

Manöverkritik bei den Wilden Kerlen. Seit einem halben Jahr gibt es die Elterninitiative im alten Forsthaus: ein Waldkindergarten mit Vollwertmittagstisch. Das Kochen übernehmen die Mütter reihum. Das heißt, fast alle von ihnen kochen. Unter den Eltern sind auch ein alleinerziehender Vater und drei vollzeitbeschäftigte Frauen. Die haben dafür in Wochenendschichten den Ausbau der Küche übernommen. Man wolle sich dem Betreuungsbedarf Berufstätiger nicht verschließen, heißt es dazu in der Satzung.

Beim ersten Elternabend geht es hauptsächlich ums Essen. Man tauscht Rezepte: »Gemüseminestrone« gegen »Grünkernrisotto«, »Kässpätzle« gegen »Fenchelauflauf«. Außerdem beschließt die Gruppe, demnächst auch mit Gewürzen zu experimentieren und »Chili sin Carne« und »Linsencurry« ins Repertoire aufzunehmen. Die nichtkochenden Eltern haben zu all dem naturgemäß nicht ganz so viel zu sagen. Gegen Ende des Abends meldet sich dann doch eine der anderen Mütter schüchtern zu Wort und schlägt vor, im Bad ein Bord für Zahnputzutensilien zu montieren. Die ganze Gruppe dreht sich zu ihr um. »Toll, dass du dich so einbringst«, sagt Vera vom Vorstand anerkennend. »Wie man sieht, können auch Berufstätige einen Beitrag leisten.«

Sieh an! Rabenmütter sind besser als ihr Ruf! Beim Geburtstagswettfeiern sind sie noch im Hintertreffen – wenn auch nur leicht. Sie müssen sich manchmal mächtig anstrengen, um beim Wettputzen, Wettkochen und Wettbacken mitzuhalten. Doch mit Zahnpflege und anderen Errungenschaften der Zivilisation sind sie durchaus vertraut. Das lässt doch insgesamt hoffen!

Und wie steht es mit den Kernaufgaben der Kinderaufzucht?, werden kritische Geister nun fragen. Wie steht es mit dem Singen und Sorgen Anhören, mit dem Kümmern, Kuscheln und Erziehen? Können Rabenmütter das leisten?

Die Datenlage ist dürftig. Schon weil es in Deutschland lange vor allem Vollzeitmütter gab. Um herauszufinden, was uns blüht, wenn sich das ändert, verglichen Forscher im Auftrag des Familienministeriums ihren Tagesablauf mit dem von Müttern in Ländern mit hoher weiblicher Erwerbsbeteiligung. Alle Befragten hatten Kinder unter sechs Jahren zu betreuen. Das Ergebnis fiel ernüchternd aus, und zwar für die Deutschen!

Zwischen zwei und zweieinhalb Stunden verbringen die Frauen in Schweden, Finnland, Norwegen, England und Frankreich pro Tag mit der Fürsorge für ihre Kinder. Deutsche Mütter geben hier durchschnittlich zwei Stunden und achtzehn Minuten an – sie liegen also genau im Mittelfeld. Auch fürs Putzen, Waschen, Bügeln und Kochen verwenden sie im Schnitt nur einundzwanzig Minuten mehr pro Tag als die Geschlechtsgenossinnen in anderen Ländern. Und das, obwohl diese im Schnitt fast doppelt so viel Zeit im Büro oder Betrieb verbringen. »Die geringste Präsenz am Arbeitsmarkt findet sich bei deutschen Müttern, die diese gewonnene Zeit aber nicht in Hausarbeit investieren, sondern in persönliche Freizeit«, lautet dazu das nüchterne Fazit im »Siebten Familienbericht«.

Persönliche Freizeit – das klingt nach Cappuccino, Couch und Cabrio. Persönliche Freizeit! Allein das Wort dürfte Vollzeitmüttern, die sich doch allzeit alarmbereit wähnen, die Zornesröte ins Gesicht treiben.

Die Rabenmütter unter uns wissen, dass sich der Begriff »Freizeit« weit weniger flamboyant definiert, auch wenn der Verlust derselben einschneidende Folgen haben kann: Ihr letztes langes Wannenbad nahmen sie in der Klinik, als sie mit dem Jüngsten in den Wehen lagen – seither reicht es nur noch zum Duschen. Rabenmütter erkennt man an der pflegeleichten Kurzhaarfrisur oder am Knoten, der Haare beim morgendlichen Familienmarathon auch ohne warme Wickler bändigt. Und manchmal wundern sich Rabenmütter tagelang, warum alle Schuhe drücken – bis sie Klauenpflege beim Nachwuchs machen und feststellen, dass auch die eigenen Zehennägel noch im Wachstum sind und dringend mal wieder einen Schnitt bräuchten.

Rabenmütter kommen selten dazu, mit ihren Freundinnen zu telefonieren, dafür hängen sie häufig an der Strippe, um sich mit der Kinderfrau zu koordinieren oder Papa auf einen außerplanmäßigen Schnullerdienst einzuschwören. Andere mögen Tagebuch führen – bei der Rabenmutter übernimmt der Terminkalender die Chronistenrolle. Dort stehen neben den Konferenzen, Computerfortbildungen und Steuerberatersitzungen inzwischen noch Eintragungen wie »Sommerserenade Lisa – Flöte + Blumenkragen!«, »Tag der offenen Tür/Feuerwehr«, »Schultüte Alexander – Saurier, kein Marzipan!« Und dann gibt es ein paar Dinge, die auch Zeit und Kraft kosten, aber nicht im Kalender stehen: das Nachdenken, das Vorausplanen, das Sorgen und die ewigen Fragen: Wird das Kind ohne Baby-Yoga zu einem glücklichen Menschen werden? Wird sich das Kind in der Kita gut entfalten? Oder wird es uns später einmal schwere Versäumnisse vorhalten?

Am Ende dieses Buches steht ein dreifaches Ja und die Einladung zum entspannten Rabenmuttertum.

Ja, das Baby-Yoga ist verzichtbar, wie fast alle Animations- und Stimulationsangebote für Säuglinge und Kleinstkinder. Es gibt keinen Grund, die kostbare Zeit mit dem nagelneuen Kind mit solchem Schnickschnack zu vergeuden, gerade wenn man vorhat, später in den Beruf zurückzukehren. Für Pädagogik aller Art, für sprachliche, sportliche oder musikalische Frühförderung ist an anderer Stelle noch Gelegenheit.

Ja, eine gute Kita kann bei alledem eine große Hilfe sein und nein, man muss nicht notwendigerweise bis nach dem dritten Geburtstag warten – falls sich vorher ein Platz findet. Kitakinder profitieren intellektuell und persönlich. Gerade Frühförderfans sollten deshalb nicht zu gering über Fremdbetreuung denken. In einer Gruppe mit anderen, Vertrauten, lernen Kinder allemal leichter, als beim Bildungstourismus in der Babytrage.

Ja, trotz allem kann es passieren, dass die Rabenkinder später einmal gegen uns Mütter rebellieren. Es ist sogar sehr wahrscheinlich. Die Rebellion gehört zur Pubertät, wie das »Neein!« zum Trotzalter. Kinder müssen aufbegehren. Die unmittelbare Nachkriegsgeneration protestierte gegen die piefige Enge im Elternhaus. Die Kinder der 68er, so hört man, vermissen Vorbilder und verbindliche Werte. Wir heute bemühen uns, Werte und Weite gleichermaßen vorzuleben. Trotzdem werden sich auch unsere Kinder abgrenzen müssen. Und wenn sie später nicht mehr zu kritisieren haben, als unfachmännische Babymassage und die Tatsache, dass Mutter irgendwann wieder berufstätig war – geschenkt. Die Alternative klingt ungefähr so: »Mama, kannst du nicht endlich aufhören, mich zu beglucken? Entspann dich oder mach Yoga wie andere Frauen!«

Quellen

Kapitel 1: Die Anspruchsfalle

Bauszus, Jens: »Horst Seehofer: Fröhlichs bunte Abrechnung«, www.focus.de, 31. 7. 2007

Bork, Henrik: »Die stumme Prinzessin im Palast«, *Süddeutsche Zeitung*, 8. 7. 2004

Dürr, Anke et al.: »Der Familienkrach«, *Der Spiegel* 9/2007

Eichhorst, Werner et al.: *Vereinbarkeit von Familie und Beruf im internationalen Vergleich*, Verlag Bertelsmann Stiftung, 2007

Geiges, Adrian: »Die gefangene Prinzessin«, *Stern*, 5. 8. 2004

Gerwien, Tilmann: »Die blonde Versuchung«, *Stern*, 19. 4. 2007

Geyer, Matthias: »Die Mutter der Nation«, *Der Spiegel* 6/2006

Hellemann A. et al.: »Wulff-Trennung: Eine Ehe, die zwei Menschen einsam machte«, www.bild.t-online.de

Hildebrandt, Tina: »Wenn die Liebe hinfällt«, *DIE ZEIT*, 27. 12. 2007

Kegel, Sandra: »Wir Rabenmütter«, www.faz.net, 7. 1. 2005

Meir, Gerhard: »Celebrity of the Week: Karin Stoiber«, *Welt am Sonntag*, 6. 7. 2003

Müller-Vogg, Hugo: »Berlin intern: Mama Müller hat wieder Zeit für die Kanzlerin«, *Bild*, 27. 11. 2007, *Der Spiegel*, 6. 2. 2006

Müller-Vogg, Hugo: »Berlin intern: Baby-Glück bei Angela Merkel«, www.bild.t-online.de, 30. 5. 2006

Mutius, Franziska von: »Seehofer-Geliebte wieder im CDU-Bundestagsbüro«, www.morgenpost.de, 18. 8. 2007

o. V.: *World Fertility Report 2003*, United Nations, 2004

o. V.: »Polit-Barometer: Die Beliebtheit der Spitzenpolitiker«, www.sueddeutsche.de., 8. 1. 2008

o. V.: »Kolkrabe«, www.world-of-animals.de, 4. 7. 2007

o. V.: »Christian Wulff: ›Unsere Ehe hat keine Zukunft‹«, www.stern.de, 6. 6. 2006

o. V.: »Seehofer und seine Geliebte: Baby da!«, www.bild.t-online.de, 15. 6. 2007

o. V.: »Studie: Früh fühlen Kinder Benachteiligung«, *Handelsblatt*, 25. 10. 2007

o. V.: »UNICEF Deutschland – Kinderarmut in reichen Ländern steigt«, www.unicef.de, 1. 3. 2005

o. V.: »Herdprämie«, www.unwortdesjahres.org

Ramelsberger, Annette: »Das Gegenteil von Karin«, *Süddeutsche Zeitung Magazin*, 28. 9. 2007

Roll, Evelyn: »Auch die Herren sind beeindruckt«, *Süddeutsche Zeitung*, 6. 6. 2005

Schenk, Herrad: »Mutterliebe – Oder: Mutti ist die Dümmste«, *EMMA*, 1. 7. 2001

Solms-Laubach, Franz: »Zwei Drittel aller deutschen Mütter sind aktiv erwerbstätig«, *DIE WELT*, 28. 4. 2006

Treuenfels, Carl-Albrecht von: »Rabenmütter sind keine Rabenmütter«, www.faz.net, 18. 1. 2005

www.stoiber.de

Kapitel 2: Die Mütterbeschäftigungsindustrie

Goebel, Wolfgang; Glöckler, Michaela: *Kindersprechstunde*, Urachhaus Verlag, 2005

Koch, Julia: »Im Buggy zum Sprachkurs«, *Der Spiegel* 19/2007

Lohrscheidt, Tina: »Verplantes Kind – wenn der Terminkalender den Tag bestimmt«, Düsseldorf, *Libelle* 10/2005

Mainka, Iris: »Erziehen üben!«, *DIE ZEIT* 44/2004

o. V.: »Kaiserschnitt bei Frauen immer beliebter«, *Frankfurter Allgemeine Zeitung*, 8. 2. 2007

Kapitel 3: Die Besser-Mütter-Bücher

Bischoff, Andrea: *Lexikon der Erziehungsirrtümer*, Eichborn Verlag, 2005

Ferber, Richard: *Solve your child's sleep problems*, Simon & Schuster Verlag, 1985

Herman, Eva et al.: *Mein Kind schläft durch*, Ullstein Verlag, 2005

Herman, Eva: *Das Eva-Prinzip*, Pendo Verlag, 2006

Herman, Eva: *Das Prinzip Arche Noah*, Pendo Verlag, 2007

Kast-Zahn, Annette; Morgenroth, Hartmut: *Jedes Kind kann schlafen lernen*, Oberstebrink Verlag, 1995

Lothrop, Hannah: *Das Stillbuch*, Kösel Verlag, 2002

Rabenschlag, Ulrich: *So finden Kinder ihren Schlaf*, Herder Verlag, 2001

Richter, Anke: »Arme Supermami!«, *Eltern for Family*, 1. 7. 2005

Schutt, Karin: *Baby Wellness – Alles, was Babys zum Wohlfühlen brauchen*, Gräfe und Unzer Verlag, 2002

Sears, William: *Schlafen und Wachen*, LLLCH Verlag, 2007

Wahlgren, Anna: *Kleine Kinder brauchen uns*, Beltz Verlag, 2006

KAPITEL 4: Die Super-Nannys aus der Nachbarschaft

Arndt, Monika: *Das Baby-Kochbuch*, Deutscher Taschenbuch Verlag, 2003

Cramm, Dagmar von: *Kochen für Babys – Das erste Jahr*, Gräfe und Unzer, 2004

Cremer, Monika; Faller, Silvia: *Gesunde Kinderernährung – Der richtige Start ins Leben*, Falken Verlag, 2002

Hanfeld, Michael: »Auf uns selbst geworfen«, *Frankfurter Allgemeine Zeitung*, 8. 12. 2004

Kaefert, Miriam: »Ist die Nanny gar nicht super?« *Hamburger Morgenpost*, 3. 2. 2005

Kister, Cornelie: *Mütter, Euer Feind ist weiblich – Wie Frauen sich gegenseitig das Leben zur Hölle machen*, Eichborn Verlag, 2007

Mielke, André: »Manchmal muss ich zickig sein«, *DIE WELT*, 8. 12. 2004

Mitchell, Margaret: *Vom Winde verweht*, Ullstein Verlag, 2003

o. V: »Die besten Mittel gegen Schmerz«, www.eltern.de

Rübesamen, Kristin: »Großer Ausflug«, *Süddeutsche Zeitung*, 21. 4. 2007

Theunert, Helga: »Ist die Super-Nanny wirklich super?«, www.familienhandbuch.de

Bemmer, Ariane et al.: »In Washington gibt es zu viel Testosteron«, *Der Tagesspiegel*, 11. 3. 2007

Bertram, Hans: »Familien brauchen Zeit«, *Frankfurter Allgemeine Zeitung*, 21. 4. 2004

Fthenakis, Wassilios E. et al.: *Paare werden Eltern. Die Ergebnisse der LBS-Familienstudie*, Leske + Bullrich, 2002

Gesterkamp, Thomas: *Die neuen Väter zwischen Kind und Karriere*, Herder Verlag, 2007

Largo, Remo H.: *Babyjahre*, S.159, Piper Verlag, 2005

Lindgren, Astrid: *Pippi Langstrumpf*, Verlag Friedrich Oetinger, 1987

o. V.: »Erzieher statt Brotverdiener«, *Bizz*, 1. 6. 2001

o. V.: *2.Zeitbudgetstudie*, Statistisches Bundesamt, 2003

o. V.: »Immer mehr Deutsche wollen keine Kinder«, www.faz.net, 2. 5. 2005

o. V.: »Sehen Kinder ihren Eltern ähnlich?«, *Welt am Sonntag*, 24. 12. 1995

Rasche Ute: »Die Eva Herman der Linken«, *Frankfurter Allgemeine Zeitung*, 27. 6. 2007

Sabersky, Annette: »Doppelbelastung - Frust oder Lust?«, *ÖKO-TEST Magazin*, 1. 7. 2006

Thelen, Peter: »EU plant Gesetz gegen Lohngefälle«, *Handelsblatt*, 19. 7. 2007

www.paps.de

www.vafk.de

Beauvoir, Simone de: *Das andere Geschlecht*, Rowohlt Verlag, 1987

Bläske, Gerhard: »Richtige Verteilung«, *Wirtschaftswoche*, 27/2007

Brauck, Markus: »Das große Krippen-Spiel«, *Der Spiegel*, 20/2007

Brinck, Christine: »Kinder, ein amerikanischer Traum«, *DIE ZEIT*, 19. 2. 2004

Dürr, Anke et al.: »Der Familienkrach«, *Der Spiegel*, 9/2007

Gerhartz, Katja: »Italien, das Land der Kinder vergreist«, *DIE WELT*, 10. 5. 2005

Eichhorst, Werner et al.: *Vereinbarkeit von Familie und Beruf im internationalen Vergleich*, Verlag Bertelsmann Stiftung, 2007

Hartmann, Michael: *Eliten und Macht in Europa*, Campus Verlag, 2007

Herrmann, Gunnar: »Nachtschicht auch für die Kleinsten«, *Süddeutsche Zeitung*, 16. 7. 2007

Herrmann, Gunnar: »Der Staat hilft«, *Süddeutsche Zeitung*, 16. 3. 2007

Hoffritz, Jutta: »Strenge Sitten«, *Wirtschaftswoche*, 23/1997

Jardine, Anja: »Emanzen auf Japanisch«, *Der Spiegel*, 19/2001

Kang, Cecilia: »High Expectations; With Huge Expenses on the Way, Parents Had Better Start Childproofing the Future«, *Washington Post*, 17. 12. 2006

Koydl, Wolfgang: »Möchtegern-Mutter der Armen«, www. sueddeutsche.de , 16. 10. 2006

Krägenow, Timm: »Aufregung um falschen Amok-Alarm«, *Financial Times Deutschland*, 21. 11. 2007

Kuchenbecker, Tanja: *Gluckenmafia gegen Karrierehühner*, Campus Verlag, 2007

Leo, Diego de et al.: *International Suicide Rates*, Australian Institute for Suicide Research and Prevention, 2003

Maier Corinne: *No Kid – Quarante raisons de ne pas avoir d'enfant*, Verlag Michalon, 2007

Neubacher, Alexander: »Herkunft schlägt Leistung«, *Der Spiegel*, 38/2007

o. V.: »Studie: Franzosen kinderfreundlicher«, *Frankfurter Allgemeine Zeitung*, 4. 5. 2007

o. V.: »Die aktuellen Ranglisten von Pisa«, *DIE ZEIT*, 51/2004

o. V.: »Freude im Weißen Haus«, www.gala.de, 25. 9. 2007

Remke, Susann: »Mein Haus, mein Auto, meine Kinder«, *Focus*, 26. 6. 2006

Rotman, Charlotte: »La dénatalité est notre seul espoir«, www.liberation.fr, 5. 6. 2007

Schönau, Birgit: »Land ohne Kinderteller«, *DIE ZEIT*, 19/2006

Schümer, Dirk: »Zu heilig für Geburten«, *Frankfurter Allgemeine Zeitung*, 28. 4. 2005

Siering, Frank: »Die Comeback-Mamas«, *Handelsblatt*, 1. 9. 2006

Smoltczyk, Alexander: »Ciao, bambini«, *Der Spiegel*, 9/2007

Sußebach Henning et al.: »Wo die Lehrer sitzenbleiben«, *DIE ZEIT*, 17/2007

Tiesenhausen, Friederike von: »PISA geißelt Benachteiligung von Migranten«, *Financial Times Deutschland*, 5. 12. 2007

Tzermias, Nikos: »Weitreichender Mutterschutz in Italien«, *Neue Zürcher Zeitung*, 19. 8. 2004

Vowinkel, Heike et al.: »Kinder sind anstrengend, aber trotzdem das größte Glück«, *Welt am Sonntag*, 9. 9. 2007

Wallis, Claudia: »The Case for Staying Home«, *Time Magazine*, 10. 5. 2004

Wisdorff, Flora: »Wie leben die Deutschen, Herr Professor?«, *Welt am Sonntag*, 35/2007

www.familie-ist-zukunft.de

www.whitehouse.gov/firstlady

KAPITEL 7: Müttermuseum

Bruyn, Günter de: *Preußens Luise*, btb Verlag, 2004

Demandt Philipp: *Luisenkult*, Böhlau Verlag, 2003

Flaubert, Gustave: *Madame Bovary*, Diogenes Verlag, 1987

Hainka, Iris: »Die Saaleknirpse von Jena-Göschwitz«, *Frankfurter Allgemeine Zeitung*, 3. 11. 2007

Holmsten, Georg: *Jean-Jacques Rousseau*, Rowohlt Taschenbuch Verlag, 1972

Prekop, Jirina: *Schlaf Kindlein, verflixt noch mal!*, Kösel Verlag, 2004

Schmelcher, Antje: »Dornröschen«, *Frankfurter Allgemeine Sonntagszeitung*, 16. 4. 2007

Sichtermann, Barbara: *Vorsicht Kind – Eine Arbeitsplatzbeschreibung für Mütter, Väter und andere*, Verlag Klaus Wagenbach, 2002

Thurer, Shari: *Mythos Mutterschaft – Wie der Zeitgeist das Bild der guten Mutter immer wieder neu erfindet*, Knaur Taschenbuch Verlag, 1997

Vinken, Barbara: *Die deutsche Mutter – Der lange Schatten eines Mythos*, Fischer Taschenbuch Verlag, 2007

Weber-Kellermann, Ingeborg: *Die Kindheit – Eine Kulturgeschichte*, Insel Verlag, 1989

www.eltern.de

KAPITEL 8: Mama entspann dich!

Dietschi, Irène: »Unerwünschte Hormone«, *Die Weltwoche*, 12. 2. 2004

Heier, Magnus: »Früh übt sich, wer gesund sein will«, *Frankfurter Allgemeine Sonntagszeitung*, 27. 1. 2008

Krieger, Regina: »Argumente für Bildungspolitiker«, *Handelsblatt*, 13. 6. 2007

Lehn, Birgitta von: »Kindertagesstätten machen aggressiv und aufsässig«, *Welt am Sonntag*, 1. 4. 2007

Mayer, Susanne: »Im Land der Muttis«, *DIE ZEIT*, 13. 7. 2006

Otto, Jeanette: »Weg vom Rockzipfel«, *DIE ZEIT*, 19. 4. 2007

Otto, Jeanette: »Alles eine Frage der Bindung«, *DIE ZEIT*, 20. 9. 2007

Otto, Jeanette: »Meines kann schon mehr!«, *DIE ZEIT*, 6. 9. 2007

o. V.: »Kleine Störer«, *Frankfurter Allgemeine Zeitung*, 27. 3. 2007

o. V.: »Von Dennis bis Lea-Sophie – Verhungert, verdurstet, erschlagen«, *DIE ZEIT*, 13. 12. 2007

o. V.: *Siebter Familienbericht – Familie zwischen Flexibilität und Verlässlichkeit*, Bundesministerium für Familie, Senioren, Frauen und Jugend, August 2005

Paulus, Jochen: »Aggressiv durch Kinderkrippe?«, *Bild der Wissenschaft*, 1. 8. 2003

Rasche, Ute: »Die Mutter-Kind-Bindung leidet nicht«, *Frankfurter Allgemeine Zeitung*, 25. 2. 2007

Spiewak, Martin: »Gut für die Kleinen?«, *DIE ZEIT*, 12. 4. 2007

Nina Puri, Susanne Kaloff

Elternkrankheiten

Der große Ratgeber

Eltern von heute: Jeder kennt sie. Aber keiner weiß, warum diese tragikomische Spezies so ist, wie sie ist. Dieser Ratgeber nimmt sie endlich mal unter die Lupe, von A–Z und mit all ihren typisch elterlichen, komischen Verhaltensweisen:

- das überperfekte Elternteil, das vor der Inbetriebnahme seines Kindes alle auf dem Markt erhältlichen Ratgeber vorwärts und rückwärts gelesen hat
- das hippe Elternteil, das beweisen will, dass es mit Kind genauso locker ist wie früher und gnadenlos uncool daran scheitert
- das konsequente Elternteil, das 67-mal laut »Stella, leg bitte den Lolly ins Regal zurück« sagt und den Lolly schließlich kleinlaut kauft.

Ein satirischer Ratgeber für alle, die sich zwischen den erhobenen Zeigefingern, der ermüdenden Kinderdebatte, verstaubten Mutterverdienstkreuz-Ideologien und Doppelbelastungs-Gejammer einfach mal schlapp lachen möchten. Über sich selbst, über andere Eltern und über das seltsame Thema Elternschaft im Allgemeinen. »Extrem lustig.«
FÜR SIE

Knaur Taschenbuch Verlag

Lotte Kühn

Supermuttis

Eine Abrechnung
mit den überengagierten Müttern

Ob Restaurant, Supermarkt oder Zugabteil, ob Kindergarten, Schule oder Elternabend – man entkommt ihnen nicht: den Supermuttis und ihren Blagen. Da ist zum Beispiel:

- die engagierte Elternvertreterin – eine Wiedergeburt der Streberin von früher, die schon als Klassenkameradin kaum zu ertragen war.
- die Fußballmutti, deren 16jähriger immer noch ihr Baby ist – und zugleich ihr Held.
- die Seelenmutti, die ihre Macht schamlos ausnutzt, frei nach dem Motto: »Ich habe Leben gegeben – gib du mir deinen Respekt.«

Die verdiente Abrechnung mit einer unerträglichen Spezies – das Buch für alle, die genug von den Supermuttis haben und lieber ihr eigenes Leben leben wollen.

»Eine Streitschrift wider den Zeitgeist als Expertengeist, wie sie deftiger und wahrer nicht zu wünschen ist.«
Frankfurter Allgemeine Zeitung

Knaur Taschenbuch Verlag